長崎偉人伝

松林《まつばやし》飯山《はんざん》

久田松和則

まえがき

明治二年（一八六九）六月二日、かつての江戸城（東京城）で戊辰戦争の論功行賞が行われた。各藩の活躍に応じて賞典禄が与えられたのである。明治維新の立役者であった薩摩島津家と長州毛利家とは、当然のことながら最高額の十万石、次いで土佐山内家の四万石、続けて三万石を賜ったのは鳥取池田家・美濃大垣の戸田家・信州松代の真田家・日向佐土原の島津家、そして肥前大村家の五家であった。

日本の西の果てに位置し、二万七千石の小藩に過ぎない大村藩が、所領七十万石から十万を誇った雄藩と肩を並べての褒賞であった。この晴れ舞台に立ち得た背景には、大村藩最後の藩主・大村純熙《すみひろ》の時代を見る確かな日があったからである。

大村純熙は別邸新築に際して、長崎から「ストーブ」を取り寄せ新居に設置する。すると小姓役から、「毛唐人の真似を為されては、示しがつかぬ」と撤去を進言されるが、「あの様なる人物が沢山ありては困る」と一笑に付した。

オランダ医学に長けた侍医の尾本公同がお城の当直の時には、殿は人目を憚りながら尾本に蘭学を学び、一通りの単語は自由に話せるほどの語学力であった。明治四年からの岩倉具視が率いる西洋事情視察調査団にも率先して同行し、向学心は衰えることはなかった。

大村藩勤王派を率いた渡辺昇《のぼり》は、我が殿の性格を「寡黙にして弁舌は甚だ不得意であられたが、一旦志をこうと決めた以上は、如何なる困難があろうとも、志を変える方ではなかった」と述懐している。変わり行く時代を見据えての不動の判断、こういう大村の殿の目には、永年続いて来た江戸幕府体制はもう永くは保たないと見えていた筈である。

その殿の許に十二歳の少年が登場する。御前で漢籍を蕩々《とうとう》と素読し、一字一句間違えることもなかった。この少年こそ、本書の主人公・松林飯山である。殿は直ぐにこの少年を藩校五教館に入れ、さらには江戸に遊学させ、一時帰郷の後には再び大坂遊学を許すなど、異例の厚遇である。殿の目にはこれからの時代を背負って立つ若者と写ったからであろう。

松林飯山が父杏哲に連れられて、外海の島・蛎浦《かきのうら》に移住したのは九歳の時であった。明治維新を目の前に刺客に斃《たお》れたのは二十九歳。この二十年間の内に江戸・大坂への遊学期間などが約十年あり、大村城下に居住し藩士として活躍したのは十年間ほどに過ぎない。にもかかわらず没後に人々の飯山を慕う心は絶えず、各地に残る飯山追悼・顕彰碑の八基がそれを物語っている。飯山は、何故、ここまで慕われてきたのか、それを解き明かすのも本書の命題でもある。

松林飯山に関わる紹介・調査・研究はかなりの数にのぼるが、一次史料からの論述は少なく、他書からの引用で語られることが多かった。本書では極力、一次史料に当たり飯山の行動を正確に把握する事を第一とした。そのために巻末に纏めて補註を設け、逐一出典を記した。第一次史料の調査の結果、特に興味深いのは、飯山が四歳の時に描いた九州地図の出現である。この地図からの考察によって松林飯山の出生について、飯山は松林杏哲の実子ではなく、養子説をも述べた。大方の御叱正をお願いしたい。

本書が今後の松林飯山研究の一助でもなれば、望外の幸せである。

久田松和則

もくじ

【松林飯山写真解説】

この写真は『飯山文集』第一編（昭和十二年発刊）の口絵写真として収録されている。そこに添付された解説によると、西彼杵郡瀬戸村の坂本倉治氏の娘・てる子より、同郡板之浦の山口辰右衛門氏を経て田中清四郎氏が所持していた。長崎の古賀十二郎氏によれば、安政六年（一八五九）にボーデンハウス氏によって、長崎で撮影されたものという。

瀬戸村に住んだ小佐々快四郎氏の未亡人・かた子は、八歳前後のころ、飯山には膝に抱かれるほどに可愛がられた。その小佐々かた子はこの写真を見て、「頭髪は自分の記憶とは違う。額は先生によく似ている」との感想であった。

着物下に白釦のシャツを着るのは、当時の開国論者が好んだ服装であるとも言われる。

第一章

松林飯山の出生と大村藩への仕官

松林家の家系

本書での主人公である松林飯山《まつばやしはんざん》を生んだ松林家とは、どんな家系であったのだろうか、まずこの点から見てみよう。松林飯山の家系図は、大村藩家臣団の系図集『新撰士系録』第六十三巻に収められ、その冒頭には松林家がたどってきた由緒が記されている。

それによると松林家の先祖は平教経《のりつね》の四男・正経《まさつね》に始まるという。父親の平教経は数々の源平合戦で武勲をたて、平家一門きっての武将といわれた。『平家物語』には壇ノ浦の合戦の折に、源義経に組みかかろうとしたが、義経にかの有名な八艘飛びで逃げられ、大男二人を締め抱えて海に飛び込み亡くなったと伝えられる。

しかし鎌倉幕府の記録である『吾妻鏡』では、平教経は一ノ谷の戦いで甲斐源氏の安田義定に討ち取られ、京都で獄門となったと異なった記述がある。

いずれにしても父親が源平合戦で亡くなったために、四男・正経は乳母に連れられて大和国に逃れ、森道保の養子となり、大和国楢原（現・奈良県御所市）に住むこととなった。時に三歳であった。その後、この家系は代々、医者を家業とした。寛正年間（一四六〇～一四六六）には京都に移り住んだ。しかし応仁の乱のためか、大和に戻った時期もあったが、再び天文年間（一五三二〜五五）には京都に移住した。そして永禄年間（一五五八〜七〇）には、二十七代目の玄隆が正親町天皇《おおぎまちてんのう》の侍医を務めたという。玄隆の孫は天正年間（一五七三〜九二）に、伊勢国の蒲生氏郷に仕えるが、その子の市左衛門は黒田長政の家臣となり、朝鮮出兵に軍功を挙げ三百石の家禄を給わっている。しかし関ヶ原の合戦で戦死したと伝える。

江戸期に入ると、承応年間（一六五二〜五五）に筑後国三井郡に移り住んだ。末裔の森三郎右衛門平元義は、筑後国の府中駅の長を勤めたと当家の由来を結んでいる。

松林家系図に記されたこの由来書が、どの程度信頼できるのか。始祖を平教経の四男・正経とするのは、武家系図の常套手段である。武家社会では系図が重んじられ、今の履歴書のような役割を果たした。どういう始祖に始まるのか、それが当家の格式となり役目にも関わってきた。

そうならば当然、家の始祖を歴史上の名家である藤原氏・橘氏・源氏・平氏などに求めることが多かった。松林家は平清盛の弟・平教盛の次男である平教経に始まる家系としたのである。この人物は平清盛の甥にあたり、家の始祖とするには申し分なかった。従ってこの部分はまったくの創作であろう。

松林飯山祖父母の墓
（福岡県久留米市御井町）

その外に松林家の由来を伝えるものとして、福岡県久留米市御井町に残る「松林飯山祖父母之墓」がある。この碑文には飯山の両親、その一代前の祖父母の事蹟が墓碑裏面に記され、同家の由来を少しばかり深めることができる。原文は漢文で石碑に刻まれるが、関係の箇所を抽出し意訳すると左記の通りである。

（前略）飯山の父杏哲は医学を以て大村侯に仕えた。飯山の母は彼杵郡宮村の医者・森周庵の妹、名は松子と言った。共に明治二十四年前後に相継いで没し、その墓は飯山と共に大村に在る。（中略）筑後国府中には楢原氏という家があり、杏哲はこの家に生まれた。杏哲の父は友吉、母の名は多計子と言った。末次徳次郎の長女である。末次徳次郎の墓もこの同じ隈山にある。母・多計子は才能・美貌に優れ、男女四人を産んだ。杏哲はその長男であり、幼い頃から医学を志し長崎に学んだ。学業を修めた後は筑前国早良郡飯盛山下に居住し、ここに飯山は生まれた。

このような内容である。

この碑文中に飯山の父・松林杏哲の出生地が、筑後国府中と記されるのは注目される。前述の松林家系図由来記でも、この家系は筑後国の府中駅の長を勤めたとあった。双方の記録が一致し、飯山を産んだ松林家の家系は、江戸期には筑後国久留米藩の府中駅に住んでいたことは、まず間違いない。久留米藩内には八つの駅が設けられていたが、その一つが府中駅である。現在の久留米市御井小学校付近に当たる。

ここで松林家が名乗って来た姓、すなわち家名に注目してみると、『新撰士系録』の松林家由来書では、筑後国三井郡に住んだ時は森三郎右衛門平元義と森姓を名乗っていた。その末裔に当たる飯山の父・杏哲は、楢崎家（友吉）の長男として生まれたから楢崎姓である。更に杏哲の代に松林姓に変えている。この三度にわたる改姓の事情は今のところ不明である。

杏哲が楢崎姓から松林姓に替えた事情ついて、前述の祖父母之墓銘では、杏哲が大村藩に赴いた後に、「故有り」替えたと記される。杏哲が大村移住後に松林姓を名乗ったことは分かるが、その事情は不明である。楢原姓については、前述のように松林家の始祖と伝える平教経の四男正経が、森道保の養子となり住んだ所が大和の楢原であったと伝わる。この地名に因み楢原姓を名乗ったのであろうか。

「松林飯山祖父母之墓」とされる当の飯山の祖父母、すなわち杏哲の父母、楢原友吉・多計子の没年は、碑表面の銘によると左記の年であった。

楢原友吉　　文政五年十月十一日（一八二二年）

楢原多計子　　嘉永六年五月四日（一八五三年）

この墓碑は祖父母の他界後に直ぐに建てられたものではなく、大正二年（一九一三）に末次四郎によって建立されている。この人物は松林杏哲の母方・末次家の末裔の者である。更にこの碑銘の揮毫者は犬養毅と記される。犬養と言えば、憲政擁護運動の先頭に立った明治・大正・昭和の大物政治家であり、なぜこの人物が関わったかは不明である。建立者と昵懇の間柄であったのであろうか。

墓裏面に記される碑文の内容は、飯山の祖父母の事蹟よりも孫・飯山の事蹟が主に語られている。一族に出た松林飯山を顕彰し、後世に伝えようとしたのが同墓建立の意図であったと思われる。

松林杏哲 出生から大村移住まで

飯山の父・松林杏哲は、前掲の「松林飯山祖父母之墓」銘によって、久留米藩府中に生まれたことは間違いない。『新撰士系録』松林家系図でも、飯山の「父杏哲、筑後の生まれ、医を以て業と為す」と記され一致する。

生まれたのは、大村市須田ノ木町の墓石に刻される「明治二十四年二月十二日逝八十有五」の没年から逆算して、文化四年（一八〇七）であった。若き頃の杏哲について、「祖父母之墓」銘文中に「夙《つと》に志しを立てて家を辞し、医を長崎に学び」とあって、若き頃から医学への志しを立て長崎に学んだのである。学業を終えると筑前国早良郡の飯盛山の麓に住んだ。天保十年（一八三九）、ここに松林飯山が生まれることとなる。

さらに松林家系図（『新撰士系録』）によると、弘化四年（一八四七）には大村の地に来訪し、藩から「間竈」を賜って大村藩内外海の蛎浦《かきのうら》村に移り住むことになる。時に四十一歳、飯山は九歳となっていた。

先の間竈は「はざかまど」と読む。当時の士農工商の身分制度なかで、俸禄や土地を持たない無給の者を「間人」と記し、「はざ人」あるいは「もうと」と呼んだ。

そうすると、松林杏哲は藩からの俸禄はない無給の医者として、大村藩外海の島・

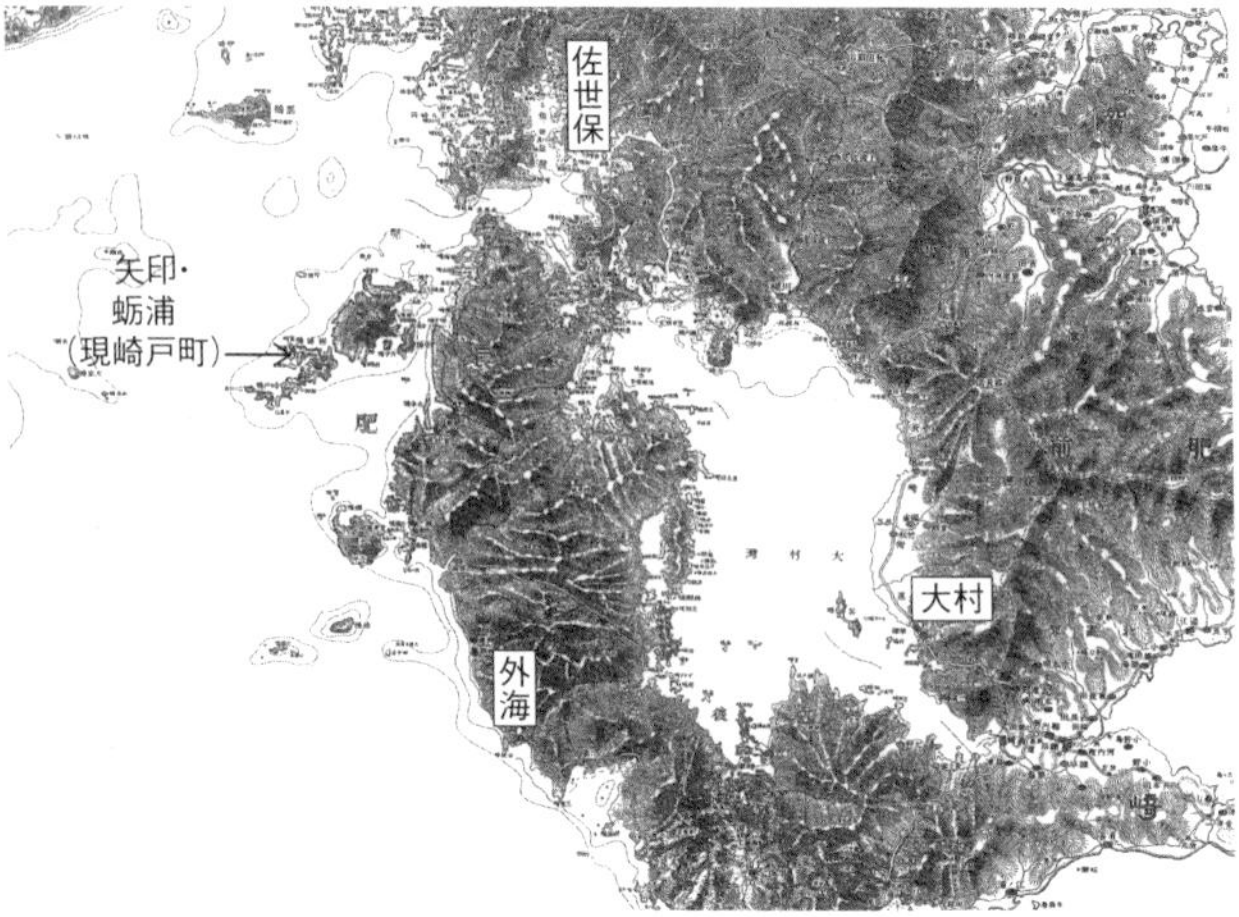

明治初期の長崎地図（内務省地理局作成）

蛎浦に移り住んだのである。大村藩『郷村記』は安政三年（一八五六）当時の藩内諸村の様子を記すが、その『嘉喜浦《かきのうら》村郷村記』には竈数百三十八軒のなかに、「間医」一軒と記される。杏哲はこの『郷村記』が記録される九年前に蛎浦に移住しているので、この間医とは松林杏哲に外ならない。杏哲が移り住んだ蛎浦とは、現在の長崎県西海市崎戸町である。

ところで先に杏哲が蛎浦に住んだ時に藩より「間竈」を賜わったとあり、また蛎浦村軒数は竈数百三十八軒と記し、なぜか竈が家の基準として表記されている。当時は家の軒数を数えるにあたって、家が二棟あっても竈数が一つならば一軒と数えた。

竈を基準にし、すなわち食を同じくする単位を家数としたのである。
従って飯山の父・杏哲が大村藩からもらった「間竈」は「無給の家」を意味し、藩からの手当はなかったことは先にふれた。『郷村記』によると当時の蛎浦村には、医者は杏哲ただ一人であった。百三十八軒ある島内には七百四十人が暮らし、その島民の健康を一手に診ていたのが、飯山の父・松林杏哲であったのである。

松林飯山の出生

松林飯山生誕地記念碑・羽根戸
（福岡市西区飯盛 776）

松林飯山の出生については、明治十一年（一八七八）に発刊された『飯山文存』の冒頭に、飯山の弟・松林義規が「飯山松林君年譜」を寄せ、二十九歳で亡くなるまでの年譜を記している。これによると、天保十年（一八三九）二月に松林杏哲の長男として、筑前国早良郡の飯盛山の麓に生まれた。現在、その生誕地には、昭和四年（一九二九）に「松林先生生誕地」とした記念碑が建てられ、かつての屋敷跡を伝えている。生誕地の記念碑は福岡市文化財に指定され、登録の所在地は福岡市西区飯盛七七六番地である。現況は竹林と畑になっている。

飯山の母、すなわち松林杏哲の妻は、前述の祖父母墓の碑文によると、大村藩宮村の医者であった森周庵の妹・森松子である。飯山は杏哲とこの松子の間に生まれた。ただ杏哲の妻については、中浦村の「なか」という女性との説もある。富永覺氏の『松林飯山傳補遺』[1]によると、幼少期に飯山から可愛がられた「小佐々かた」は、飯山は松林杏哲と「なか」の間に生まれた子供であった、と語っていたという。

もう一つ飯山の母の出自を記すものとして、松林飯山の墓（大村市須田ノ木町）の脇に立つ墓誌銘がある。ここには父・松林杏哲は「森氏を娶り」とあって、杏哲の妻は森氏と記される。森周庵の妹・松子を意味するものと思われる。

早稲田大学図書館には、松林飯山が森周庵に宛てた正月十日付の書状が収蔵されている。[2]年頭の挨拶状である。飯山の母を森松子とすれば、森周庵は母松子の兄、飯山にとっては伯父に当たり、そういう関係から年賀状を送ったのであろう。

また飯山が六歳の時に読んだ『孟子』巻十一・十二の巻末にも、「森周庵」との書込がある。[3]書込の具合から、この『孟子』は森周庵の蔵書であったように思われる。と

飯盛山（福岡市西区飯盛）

すれば飯山は、伯父周庵の蔵書を借りて勉学したのであろう。
　こういった飯山と森周庵との接点が度々見られることからも、飯山の母は森周庵の妹、松子として間違いないだろう。ただ小佐々かたが伝える飯山の母を中浦村の「なか」とする説は、どこから出てきたのか。思い当たる節があるが、後ほど改めて述べることとする。
　さて松林杏哲の長男として生を受けた飯山は、幼い頃は駒次郎といった。成長するにともない諱は廉之助、漸之進と改め、成人後は松林漸之進義哲と名乗った。記録上ではその時代に応じた諱名で登場するが、その都度、名前を使い分けると煩雑になるので、すでに通常的に用いてきた松林飯山の名称で統一していく。

系図(1)　松林飯山関係系図(『新選士系録』松林家・森家系図より)

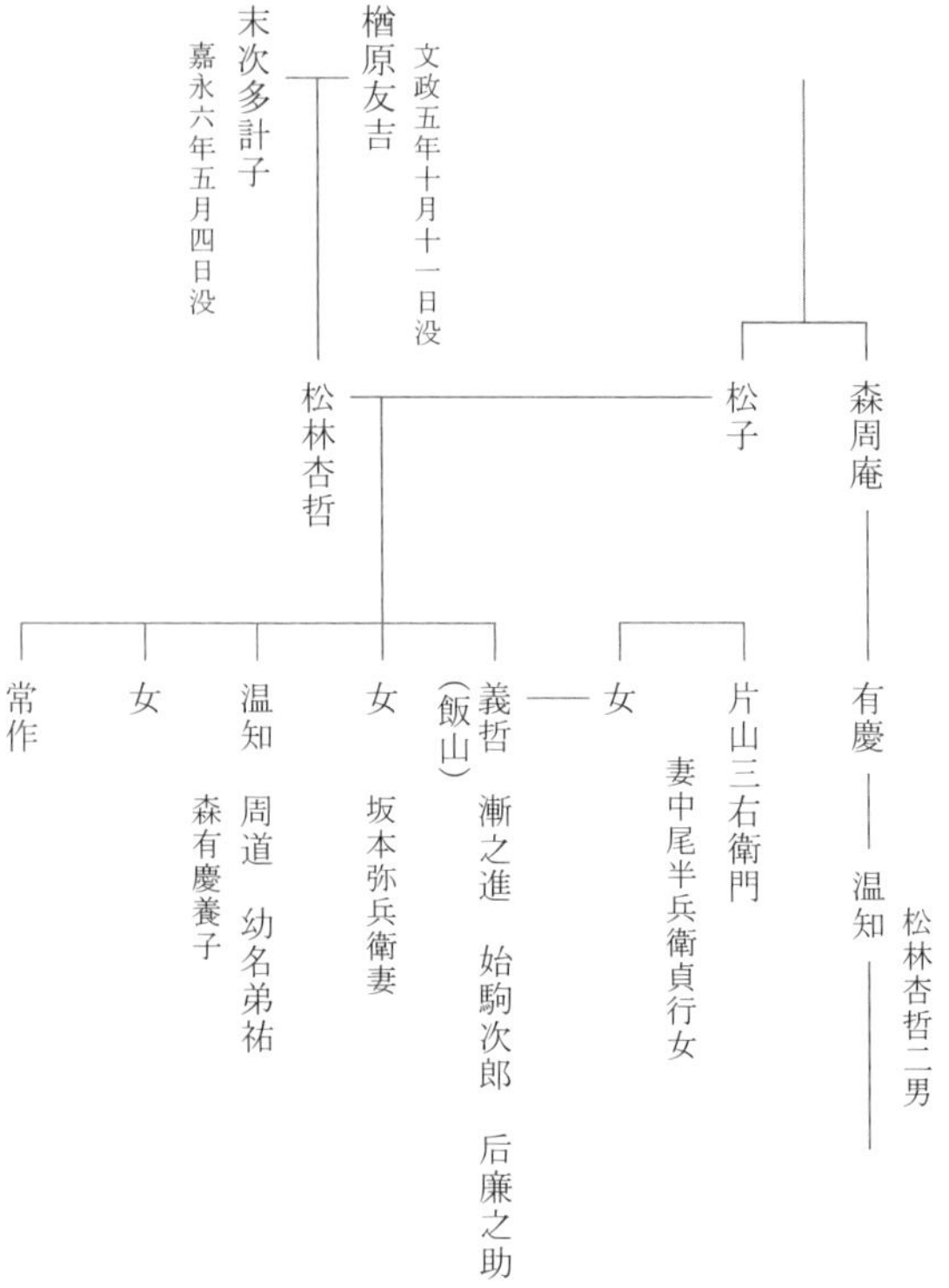

飯山は天保十年(一八三九)に生まれてから、父とともに大村領蛎浦に移住する弘化四年(一八四七)までの約八年間、飯盛山麓の羽根戸の地で幼い日を過ごした。飯山にとってこの地は忘れがたかったのであろう、郷里にそびえる飯盛山に因んで、成人後には「飯山」という号を用いている。字として伯鴻とも名乗っている。現在

でも羽根戸の飯山生誕地跡に立てば、飯盛山が迫り来るように目の前にそびえている。長男であった飯山の下には、弟二人・妹二人がいた。次男の弟は松林周道温知といい、母親松子の甥に当たる森有慶の養子となり、森家を継いでいる。末の弟は常作といったが、事蹟はよく分からない。上の妹は坂本弥兵衛の妻となり、末妹は系図に名前の記載もなく詳細は不明である。

松林飯山がどういう家系の中にあるのか、文章では述べてきたが、家系図の中に位置づけると一目瞭然である。前頁に松林飯山関係系図として示した。

松林飯山出生の異説

松林飯山は杏哲の長男として筑前の羽根戸村で生まれ、弘化四年（一八四七）に父と共に大村藩領の蛎浦に移住したとするのは、飯山を語る時の定番である。本稿でもすでにそのように述べてきた。

これに対して実は飯山は鈴川源右衛門という人物の子供であった、とある事情から松林杏哲が養子としてもらい受けたとの説をとるのは、朝長重敏氏である。昭和五十二年（一九七七）に「松林飯山異聞」として発表された。[4]

この異聞の根拠となったのは、朝長氏の祖父・朝長繁太郎が常々語っていた飯山出生の話である。朝長繁太郎は昭和六年（一九三一）に八十四歳で亡くなっているので、嘉永元年（一八四八）の生まれである。その祖父・繁太郎が語っていた話とはこうである。

鈴田村に住む鈴川源右衛門は、永く西彼杵方面の役目についていた。そこで地元の女性との間に生まれた一子が、実は飯山であった。妻を大村藩内の宮村からもらい大村とも縁があった松林杏哲は、その子供の利発さを見込んで養子とした。飯山は成長し大村藩に仕官すると、盆・正月には実父の鈴川源右衛門家を訪ね、決して礼節を欠くことはなかった。飯山からの進物には必ずスルメが入っており、朝長繁太郎は少年の頃、そのスルメをしばしば貰って食べていた。

こう語っていた朝長繁太郎は嘉永元年（一八四八）の生まれとすると、飯山とは九歳年下であり、両者はほぼ同時代を生きてきた。その繁太郎が語っていたこの飯山出生説は、むげに聞き流すことはできないように思われる。朝長重敏氏が言うには、祖父繁太郎は、生涯、飯山の父親は鈴川源右衛門との説を変えることはなかったという。

朝長重敏氏は鈴田地区に伝わる飯山に関わる伝承をもう一つ、森小六氏が調査採取した話として紹介している。森氏は大村市内鈴田地区の陰平町に住まい、昭和四十四年（一九六九）に九十二歳で没している。この森小六氏が鈴田地区で聞き取った話とは、次のような内容である。

> 年少の頃、飯山は時折、鈴川家を訪れては、実父源右衛門と対面していた。またその訪問の際は、必ず飯山は整然と袴を着けていた。

森氏がこの話を鈴田地区のどこで聞き取ったかは分からない。しかし先の朝長氏の話に加え、こういった飯山の行動も伝わっていれば、聞き捨てならないだろう。ところで鈴川源右衛門という人物は、鈴田村に存在が確認できるのであろうか。鈴田地区には浄土宗専念寺があり、当寺の過去帳には、

鈴川源右衛門　嘉永三年九月六日没　五十八歳

との記載があった。[5] 嘉永三年（一八五〇）の没年から逆算して、寛政五年（一七九三）の生まれである。この人物を飯山の実父とした場合、飯山の生年は天保十年（一八三九）

であるから、源右衛門が四十七歳の時の子供にあたる。晩年の子供ではあるが、飯山の生きた時代と合致し問題はない。

鈴田村『郷村記』によると、同村で鈴川姓を名乗る者として、鈴川源内という人物がいる。俸禄六石六斗二升取りの小給武士であった。この人物も専念寺過去帳に次のように記載されていた。

鈴川源内　文久三年七月三日没　三十三歳

文久三年（一八六三）七月三日に三十三歳で没してあり、逆算すると天保二年（一八三一）の生まれである。この過去帳も源右衛門分と同様に、現在、所在不明である。

鈴田村には鈴川姓を名乗るのは一家しかなく、おそらくこの鈴川源内は源右衛門の子供と思われる。そうすれば源右衛門三十八歳の時の子である。飯山出生の伝承が事実とすれば、源内と飯山は八歳違いの異母兄弟ということになる。

さてその鈴川家の屋敷はどこにあったのか。朝長重敏氏の記述によると、鈴田地区の平町にあった。同家は昭和の初期に大牟田に転住したという。現在はその地に平町公民館が建っている。

記録上では飯山の実父と言われる鈴川源右衛門は、鈴田村に存在が確認できた。時代的にも飯山の父としてもおかしくない。その家系と屋敷は幕末まで続いていた。

飯山出生の異説は事実か

前項で触れたように松林飯山の出生をめぐって、聞き捨てならない衝撃的な異説が伝わっていた。事実なのであろうか。

大村市歴史資料館には飯山文庫として、飯山が幼年期に読んだ書籍が数多く所蔵されている。その一つに『大学』[6]があり、裏表紙奥付の部分に飯山のたどたどしい字で次のような書き込みがある。

四歳　松林駒治郎　大邑坂之浦ニ而書

飯山文庫の他の書籍の巻末にも、駒治郎の名前、年齢と共に「讀之終」、「讀習畢」「讀畢」との書き込みが見られる。駒治郎がその書籍を読み終えた時に、読了の意味で記されたものである。このような例からすると先の書き込みは、この『大学』を松林駒治郎が四歳の時に読み終えた、この事を「大邑坂之浦で書き記す」と解釈できる。この前の頁には、同書を天保十三年（一八四二）の十一月から読み始めたとある。

ここに見える「駒治郎」とは飯山の幼名であるが、後には「駒次郎」と記されるこ

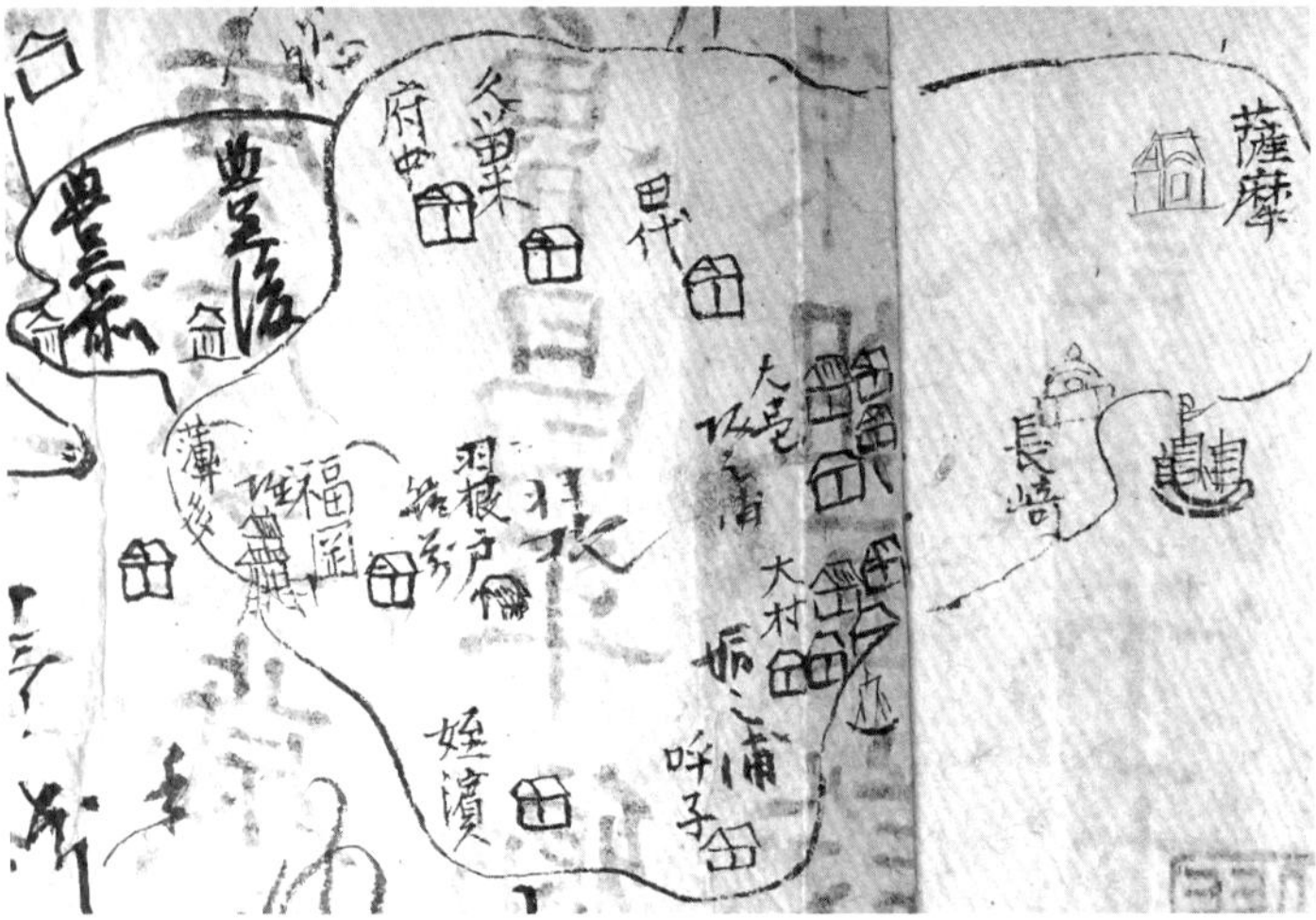

飯山が描いた「大邑坂之浦」を含む地図

とが多い。その駒治郎が『大学』を読み終えた場所は「大邑坂之浦」であった。大邑は大村のことと思われるが、坂之浦とはいったいどこなのか。

幸いに少年飯山が五歳の時、天保十四年（一八四三）十二月に読み終えた『論語』の奥付の部分に、九州から江戸、琉球、唐国（中国）に及ぶ広範囲の地図が描かれている。図中には「松林駒治郎書」とあるので、飯山の手になることは間違いない。

長崎、大村などの地名に混じって、ここにも「大邑坂之浦」の地名が見える。さらに坂之浦の隣には「大村蛎之浦」、「呼子」の地名がある。蛎之浦は現在の西海市崎戸町蛎浦であり、呼子は現在、西海町から大島町に架かる大島大橋の付け根辺りの地名である。

こういった位置関係から考えると「大邑坂之浦」は、現在の西海市の西海町・崎戸町周辺、いわゆる西彼杵半島の外海辺りの地名と考えられる。しかしこの一帯には坂之浦の地名はない。ただ「蛎之浦」の対岸・西海市大瀬戸町（旧瀬戸村）の「板の浦」が思い当たる。「坂」と「板」はよく似た字であるから、少年飯山は「板の浦」を「坂の浦」と間違って書いたのではないか。

そう思わせるのは、飯山はこの地図中に「福岡」の横に「薄多」と記しているが、これは明らかに「博多」の間違いである。神童と称えられた少年飯山であったが、この「大邑坂之浦」と書いたのは、未だ四歳・五歳の時であり、博多を薄多と間違ったように、板之浦を坂之浦と間違って記したのであろう。そうすると飯山は四歳の時には瀬戸村の板之浦に居たことは間違いない。

長崎でポンペにオランダ医学を学んだ司馬凌海という人物が、文久元年（一八六一）に長崎から平戸に旅した折に「東上漫誌」という日記を記している。そこには凌海が外海の板之浦に泊まった際に村医の中村栄達から、自分の従弟に松林漸之進という人物がいると語った事を記している。[7] 飯山は板之浦在住の中村栄達の従弟であれば、この点からも飯山は板之浦と縁が深く、飯山の板之浦居住を補強するものである。

しかし一方において福岡市西区羽根戸には、松林飯山生誕地が伝わり、昭和四年（一九二九）にその地に飯山生誕の記念碑を建立した斎藤義《ただし》氏は、大村の知人へ宛てた書翰に次のような旨を記している[8]

最近まで父君の松林杏哲と飯山先生を知る者がいたが、今は皆亡くなって直接尋ねることもできなくなった。飯山少年は字を書くことが巧みで、よく筆を持って近隣に遊び、知り合いに字を書いて与えることもあった。今はその書も見当たらなくなった。


こう記しており、飯山は羽根戸村に幼少期を過ごしたことも事実である。

そうすると、飯山は九歳で大村領蛎浦に移り住む前には、外海の板之浦と筑前羽根戸の両地に幼年時代を暮らしたということであろうか。それを窺わせるのは、先に紹介した飯山五歳時に描いた地図に、大村領の外海一帯と筑前羽根戸周辺との双方の地名を記していることである。

具体的には蛎之浦の横に記された呼子は、西彼杵半島の僻地であり、五歳の子供にとってこの周辺に住んでいなければ知り得ない地名である。また筑前の羽根戸、姪浜を記しているのは、まさにこの一帯に生活した体験があったからである。さらに久留米の横に描かれた府中は、それほどに知られた地名ではない。しかし松林家の先祖代々の地であり、父・杏哲の生誕地でもあった。幼い日の飯山は、松林家との縁を父から聞いてこの地名を知っていたのであろう。こういった経緯からすれば、この地図に登場する地名は、幼い飯山が生活体験の中から知り得たのである。

とすれば地図を描いた五歳までの内に、飯山は大村領の板之浦と筑前羽根戸の両地に住んだ経験があったことは間違いない。両地での生活の中でも四歳の頃には板之浦に居たことは、『大学』の書き込みによって確実であった。

となれば羽根戸に生まれ育ったはずの飯山が、なぜ四歳の頃に板之浦に居たのか。ここで「飯山は鈴川源右衛門が外海に出張中に、現地の女性との間に生まれた子供」という伝承を思い起こせば、飯山が板之浦に居た事情が説明できる。飯山は板之浦で生まれ、少なくとも四歳まではこの地にいたのである。

このような経緯から判断すると、松林飯山の出生に関わる異説伝承は、やはり事実であったと考えざるを得ない。とすれば飯山は鈴川源右衛門の四十七歳の時の子供であった。出生後は外海の女性の手元で養育されていたところを、松林杏哲の目にとまり養子に迎えたものと思われる。その後、養父杏哲が羽根戸に居住するに伴い、飯山もその地で幼年期を過ごすこととなった。こういった事情から飯山生誕碑を建てた斎藤義氏が記すように、幼少期の飯山の話が羽根戸でも伝わっていたのである。

そうすれば外海の女性が飯山の実母ということになる。果たしてその外海の女性とは誰なのか。そこで思い当たるのは、先に富永覺氏が紹介した七釜村中浦の「なか」という女性の存在である。小佐々かたはこの女性を松林杏哲の最初の妻、そして飯山の実母と語っていた。しかし「なか」は杏哲に嫁いだのではなく、大村の鈴田地区に伝わるように鈴川源右衛門と内縁関係にあり、そこに生まれたのが、後の松林飯山ではなかったのか。

飯山の実母は中浦の「なか」であったために、松林杏哲の妻と間違って伝わってきたのであろう。「なか」が飯山の実母であり、森家から杏哲に嫁いだ松子は養母ということになるだろう。その杏哲の妻、飯山の養母に当たる松子は、大村市須田ノ木町の墓石に記される「明治二十四年十二月一日逝　享年八十有一」の没年から、文化八年（一八一二）の生まれであった。

飯山　藩主の御前で漢籍を読む

飯山は九歳にして父母と共に大村領に移住し、崎戸島の蛎浦に住んでいた。三年後、少年飯山の身上に思わぬ一大事が起きることとなる。前にも触れたが松林飯山の墓の脇に立つ墓誌の銘文などが、この一大事を伝えている。

一大事に触れる前に、この飯山墓誌について触れておこう。

朝長誠の撰文になり、明治二年（一八六九）九月の建立である。撰文をしたためた朝長誠は、かつては朝長熊平と名乗り、飯山の七つ歳上、共に江戸の安積艮斎《あさかごんさい》塾、及び幕府の昌平黌《しょうへいこう》に学び、飯山とは昵懇の間柄であった。加えて墓誌碑の建立が飯山の暗殺から二年九ヵ月後であり、撰文は更に早い時期に記されたはずである。とすればこの碑文は飯山をよく知る人物の手に成り、信頼度の高い記録といえる。

さてその松林飯山墓誌には、身の上に起こった一大事が刻され、平易に記すと次のような内容である。

飯山の父・杏哲は医術を職業として、大村に住んでいた。森氏の娘を妻として共に筑前に遊び、その地に居ること数年であった。再び大村に来て住むこととなった。飯山先生は筑前飯盛山の麓に生まれたことに因み、飯山とも号した。幼くして才知に優れ賢く、人々から神童と称えられていた。

嘉永三年の十二歳の時、大村藩主に呼び出され、謁見することとなった。藩主は漢文の書を飯山の前に差し出し読むことを促し、この少年がどの程度の才覚があるか試そうとした。飯山が漢書を読み終えてみると、一字の間違いもなかった。その席に居た者皆も驚き不思議がるほどであった。そこで学業を教授片山琴浦に受けることとなった。

嘉永三年（一八五〇）に十二歳の飯山を呼び寄せたのは、大村藩最後の藩主・大村純《すみ》熈《ひろ》である。純熈自身が大村藩の蘭方医・尾本公同から蘭学を学ぶほどに、学問文事に長けた藩主であったから、蛎浦に住む神童には、ことの外興味を寄せたのであろう。その結果は飯山の才覚に同席の家臣衆をも驚き、あまりの見事さに疑うほどであったと墓誌は伝えている。

最後の大村藩主・大村純熙公と家族（長崎大学附属図書館所蔵）

藩主御前で示したこの飯山の才覚ぶりは、どこからきたものだろうか。先にも触れたが大村市歴史資料館の飯山文庫には、飯山が幼い頃に読んだ書物が所蔵されている。その内の十三冊には、巻末に読んだ年と年齢が記されており、飯山の読書歴が分かるのである。一覧化してみると表(1)の通りである。

読んだ年が最初に分かるのは『大学』であり、天保十三（一八四二）の十一月から読み始めた。数え歳で四歳であった。今の満年齢にすると三歳九ヶ月で、早くも『大学』に挑戦している。実はこの書に先にもふれた「大邑坂之浦ニ而書」の書込がある。

表(1)　松林飯山の古典の読書年と年齢

No.	古典名	読書期	西暦	年齢	書込
1	大学	天保13年11月～	1842	4歳	大邑坂之浦ニ而書
2	論語 巻1～3	天保14年2月中旬	1843	5歳	日本地図
3	論語 巻4～6	天保14年4月	〃	5歳	
4	論語 巻7～10	天保14年9月6日～	〃	5歳	松林杏哲写
5	孟子 巻1～2	天保14年10月12日	〃	5歳	
6	孟子 巻3～4	天保14年11月～	〃	5歳	
7	孟子 巻13～14	天保15年1月中旬	1844	6歳	
8	孟子 巻3・5・6	天保15年3月～	〃	6歳	
9	孟子 巻7～8	天保15年5月	〃	6歳	
10	孟子 巻11～12	天保15年	〃	6歳	森周庵
11	中庸章句	天保15年11月	〃	6歳	松一東寫
12	詩経 巻2～3	弘化2年2月上旬	1845	7歳	
13	詩経 巻6～8	弘化2年11月	〃	7歳	

翌天保十四年（一八四三）の二月から九月の頃までは、『論語』の一巻から十巻までを読破し、それが終わると同年の十月から約一年をかけて、『孟子』の一巻から十四巻に及んでいる。さらに天保十五年（一八四四）十一月から翌年の十一月までは、『中庸章句』から『詩経』へと読書域が進んだ。こう見ていくと、年月毎に読むべき書物を定め、整然と読書を進めていった軌跡が窺える。

飯山が四歳から七歳の間に読破した、『大学』、『論語』、『孟子』、『中庸』は、いわゆる四書と言われる儒学の基本的な教科書である。江戸時代には、とくに五代将軍の徳川綱吉の頃から儒学が重んじられ、仁・義・礼・智・信という五常の教えを強調していく。その基本の教科書となったのが、飯山が読破した四書の古典であった。

四書を読破すると、易経、書経、詩経、春秋、礼記という五経の書物に進んでいくのが普通であった。この九つの書物はいわゆる四書五経と言われ、儒学教育の教科書であり、江戸時代の人々にはよく読まれていた。

飯山も四書を読破した後、弘化二年（一八四五）の七歳からは詩経に読書域を広げており、おそらくこの後は詩経に次ぐ他の五経の書も読破したものと思われる。

こういった飯山の四歳時からの読書歴を確認すると、藩主大村純熙の御前で漢籍を一字一句違いなく読み終えたというのは納得がいく。事実として間違いないだろう。

飯山はその才覚が認められ、藩校五教館《ごこうかん》への入学が許され、片山琴浦から学問を教わることとなった。片山琴浦の人物像はよく分からないが、飯山は後に片山勘治の娘（片山三石衛門の妹）を妻としているので、その妻方の同族の人物と思われる。

嘉永三年（一八五〇）、飯山は十二歳で大村藩主に見いだされ、藩校に入学することとなった。その時に『飯山文存』の年譜には、「俸一口を賜る」と記され、藩主より俸禄を貰っている。「俸一口」とは一人扶持のことと思われ、一日一人前の米五合が支給され、月俸で一斗五升、年俸では一石八斗となる。飯山は十二歳にして一石八斗の俸禄を受け、藩校五教館に入学することとなった。

渡辺昇が見た五教館での飯山

大村藩の藩校五教館の歴史は古く、寛文十年（一六七〇）に玖《く》島城《しまじょう》内の桜馬場、現在の県教育センター前の通り付近に設けられた集義館に始まる。その後、元禄七年（一六九四）には静寿園と改称され、藩主自らも大学を講義し、学ぶ者は藩士の子弟に限らず、庶民の傍聴も許すなど開かれた藩校であった。寛政二年（一七九〇）には城内の桜田に文武両道を学ぶ五教館と治《ぢ》振軒《しんけん》として整備され、さらに天保二年（一八三一）に両館は城外の本小路に移設された。

飯山が入学した当時の藩校は、玖島城入り口の本小路、現在の大村小学校の場所にあった。その時の学友に渡辺《わたなべ》昇《のぼり》がいた。飯山より一つ歳上で、後の大村藩勤王四十七士の中心人物である。この渡辺昇がその自傳[9]に五教館時代の飯山の素顔を伝えているが、現代文で記すと次のような人柄であったという

この当時、同僚の中で鏘鏘《そうそう》たる人物は、松林廉之助をおいて外になかった。自分は常に飯山の成績に及ぶこともなく遺憾であった。

また五教館で『十八史略』の講読の際に、渡辺昇が分からないところを先生に質問したら、飯山に嘲笑されたという。昇はその時の悔しさをも記している。

その時の憾《うら》みは私の骨まで突き通した。しかし思ってみると飯山は文事には優れてはいるが、武芸においては全く能力がない。自分は必ず文武両道を修めて、その第一人者となるべく、以後、奮励して休むこともない。居室の壁には「十百々千」の四字を掲げ、このことを守って違えることはない。

渡辺昇は飯山の文事的な能力は、自分より遥かに優っていることを認めながらも、武士の本分である文武両道では決して飯山に負けていない、その第一人者となるべく努力すると。最後に記した「十百々千」とは、飯山が十枚の書を記す時には自分はその十倍の百枚を書く、飯山が百枚の時は千枚を書くと、飯山に対する激しい対抗心を示している。

飯山や渡辺昇が学んだ頃の五教館のことを少し記しておこう。

本小路に移った五教館は校舎も整備されていた。庶民の寺子屋を兼ねたのが新部屋であり、七歳から十四歳の少年が四書や習字を学んだ。この部屋から進級した十五歳から十八歳の少年達は日勤生となり、四書五経の素読・講義、加えて治振軒での武道・教練と文武両道に励んだ。さらに優秀な若侍達は表生、表定詰生として寮生活に入り、二十四歳までの就学を経て、将来を期待される人材となった。[10] この中から江戸遊学を命ぜられる者もあり、飯山もその一人であった。

この頃の五教館と治振軒の年間の就学人数は、それぞれ三百名と百五十名に及んでいる。

八歳で新部屋生として入学し、明治六年（一八七三）の廃校時まで五教館に学んだ一瀬前義は、そこでの教育を述懐しているので妙録してみたい。[11] なお一瀬氏は、後に五教館の跡地に創立された大村町小学校の校長を勤めた人物である。

朝の始業は大抵五つ頃（午前八時）で、終業は普通八つ時（午後二時）までで、時には七つ（午後四時）まで習うこともあった。勉強の時は先生を中心として半円形に座るのである。生徒には机もなく、畳の上に本を置いて習うのである。すると先生は長い鞭でさしながら、個人別に読みを教えて下さった。生徒の力と程度に依って本も異なるので、人に教えて居られる間は、自分は黙って聞いてゐるばかりであった。日勤生になると槍や剣術をやってゐた。

藩校では進級試験といったものはなく、唯、先生の見込みで進級したのであった。

松林飯山の五教館入学は十二歳であったから、その年齢ならば新部屋生として先の一瀬前義と同様な授業を受けるのが普通であった。

しかし、松林飯山家系図では「五教館表定詰」と記され、飯山はなんと十二歳にして新部屋生、日勤生を飛び越えて最上級生の表定詰として入学している。藩の逸材として将来を嘱望されたのである。

松林飯山は嘉永三年（一八五〇）の十二歳から、嘉永五年（一八五二）の十四歳まで二年間にわたって五教館に学ぶこととなる。

第二章

江戸遊学（一）

――安積艮斎塾に学ぶ

江戸の安積艮斎塾に入門

松林飯山の系図によると、飯山は嘉永五年（一八五二）に前藩主・大村純顕《すみあき》の御前での講義を命じられた。そこには「試講」とあるので、前藩主が飯山の能力がどの程度のものか試したのであろう。その結果は良かった。大村純顕の参勤交代に付き従って江戸に出府することとなった。飯山十四歳の時である。

大村純顕は飯山への「試講」の五年前、すなわち弘化四年（一八四七）二月には藩主の座を退き、弟の純熙に譲って隠居の身となっていた。飯山はその前藩主の参勤交代に従ったというのである。

『九葉実録《くようじつろく》』嘉永五年閏二月四日から三月二十六日の条には、その辺りの事情を詳しく記している。時の藩主・大村純熙が病気療養中のために参勤交代ができず、前藩主が代わって出府することとなった。大村出発は嘉永五年（一八五二）の閏二月四日の予定であったが、この純顕も出立前に病にかかったために十一日遅れて、閏二月十五日の出発となった。江戸には三月二十六日に到着しているから、江戸まで四十一日間をかけての旅であった。十四歳の少年・松林飯山は、この参勤交代の一員として四十日余の長旅の末、初めて江戸の地を踏んだ。

飯山の江戸での生活の場は、大村藩江戸屋敷であった。その江戸屋敷は上屋敷、中屋敷、下屋敷と三箇所にあった。その中でも牛込の中屋敷は、寛文九年（一六六九）に藩主大村純信夫人の究竟院が住んだことに始まる。現在の新宿区北山伏町である。また下屋敷は一般的には隠居した前藩主やその室、また藩主の次男・三男などが住んだ。大村藩の下屋敷は白金（港区白金）にあった。

　このような各屋敷の機能からすると、参勤交代で出府した藩士の多くは、上屋敷に居住したものと思われる。嘉永元年（一八四八）の『御江戸大絵図』には、江戸城の半蔵門に程近い永田町に大村藩上屋敷が描かれている。現在の国立国会図書館東京本館の一帯に当たる。飯山にとって江戸城を目の前にしたこの上屋敷で、江戸での生活が始まった。飯山が住んだ頃の上屋敷は四千百坪余の広さがあった。

　江戸に出た当初の飯山の役目や生活はあまりよく分からないが、飯山の行動を最初に記すのは、『安積艮斎門人帳』にその名が見えている。

　安積《あさか》艮斎《ごんさい》といえば飯山が江戸に赴いた嘉永五年（一八五二）当時は、江戸幕府の学問所・昌平坂学問所の教授の任にあり、当代きっての儒学、とくに朱子学者であった。艮斎が教鞭をとった昌平坂学問所は昌平黌《しょうへいこう》とも呼ばれた。後に飯山もこの最高学府に入学することとなるが、以後、本稿では昌平黌の名称を用いていく。

安積艮斎は寛政三年（一七九一）に、陸奥国の安積国造神社の神主の三男として生まれた。現在の福島県郡山市が出身地である。文化十一年（一八一四）に二十四歳にして江戸の神田駿河台に塾を開き、弟子達に朱子学を教えた。その後、文政十年（一八二七）には駿河台富士見坂に、さらに天保九年（一八三八）には麹町貝坂にと艮斎の塾は、転々として移っている。特に富士見坂にあった当時の塾名を、そこから富士山が見えたことにちなみ「見山楼」と名付けている。

天保十三年（一八四二）には、郷里の二本松藩から藩校の教授として呼び戻されたものの、嘉永三年（一八五〇）には幕府の昌平黌教授として抜擢され、再び江戸に戻った。その当時の住まいは、神田紅梅町の淡路坂、現在のお茶の水駅聖橋口あたりであった。ここでも集まる門人達に学問を講じている。

この一連の安積艮斎の塾に学んだ門人名簿が、先に触れた『安積艮斎門人帳』である。門人の数は三千百九名を数える。その門人帳の嘉永五年（一八五二）四月八日の条には、富永小次郎、朝長熊平、松林駒次郎の三名の名前が見えている（次頁・門人帳参照）。その一人が松林飯山であった。

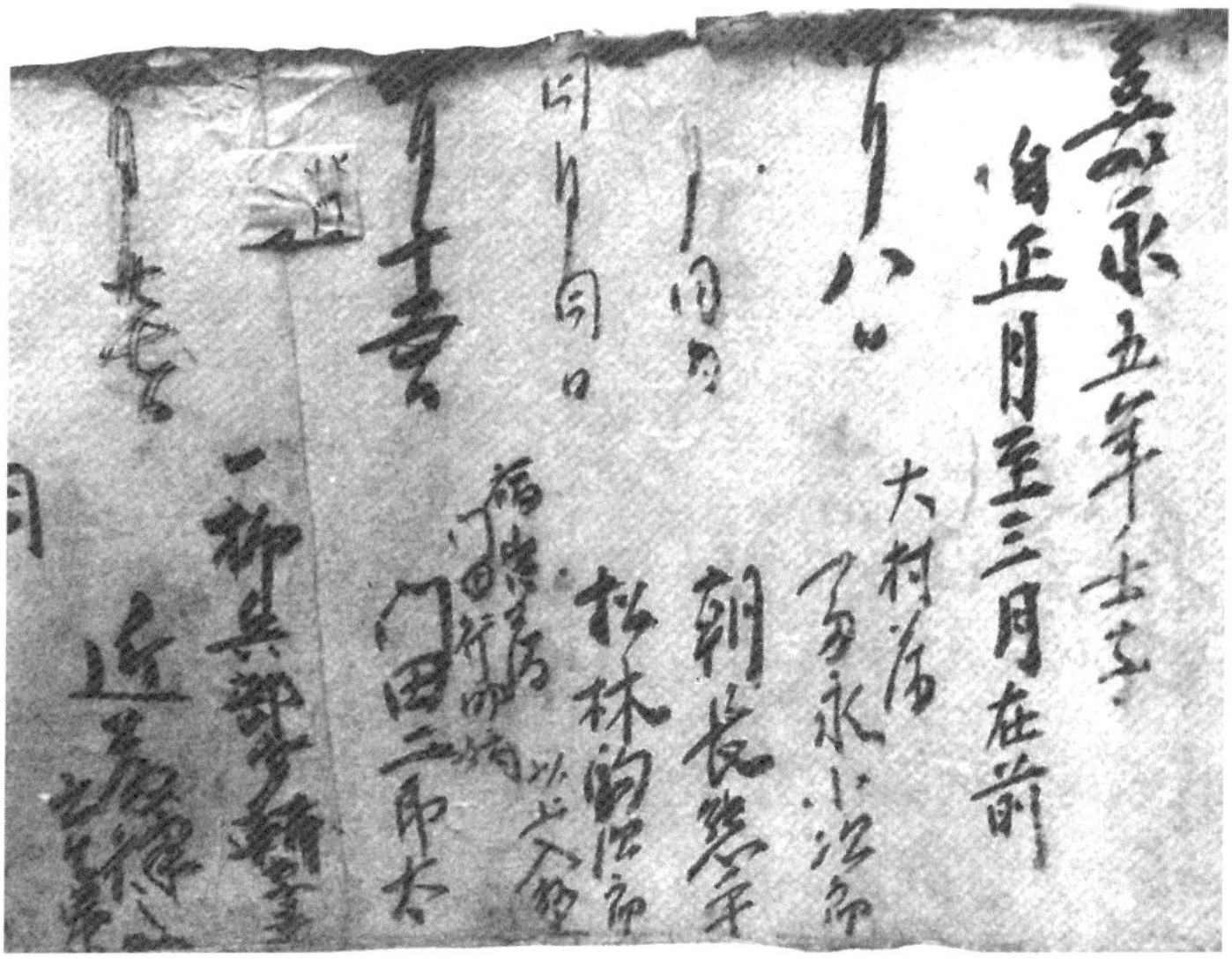

安積艮斎塾門人帳（安積艮斎顕彰会翻刻本より転載）

先に触れたように、飯山が前藩主の参勤交代にお供して江戸に到着したのは、嘉永五年（一八五二）三月二十六日のことであった。その十二日後の四月八日には、当時、江戸中で名門といわれた安積艮斎の塾に、早々に入門しているのには驚く。

飯山が入門した頃の艮斎塾はどこにあったのか。駿河台富士見台の見山楼とする先行研究もあるが、これは正確ではない。飯山の入門時期は嘉永五年であるから、その当時、安積艮斎は昌平黌教授となって神田紅梅町淡路坂に住んでいた。この淡路坂、現在のお茶の水聖橋《ひじりばし》あたりにあった塾に、永田町の上屋敷から通ったのである。

安積艮斎の学問

松林飯山が江戸で最初に師と仰いだ安積艮斎とは、どういう人物であったのだろうか。大正五年発刊の『安積艮斎詳伝』（石井研堂）、安藤智重氏の『安積艮斎』などを参考にまずその人物像を紹介しよう。

現在の福島県郡山市清水台に鎮座する、安積国造神社神主の息子であったが、幼少期の艮斎にとって兄の安藤重満《しげまろ》の存在は大きかった。艮斎は後年、『艮斎文略』の中で兄・重満への思いを、「重満は親愛の情が特に篤く、学問を好み、和歌に秀でていた。私は幼少の頃に兄の指導を受け、それで書物を読むことを知った」と述懐している。

少年期には二本松藩の儒学者・今泉徳輔に学び、才能を開花させた。徳輔は艮斎の母方の従兄弟に当たるが、郡山隣村の横塚村の名主の家に生まれ、農耕に就きながらも学問を好み、膨大な蔵書を有した。艮斎はその蔵書にひたり、徳輔から詩文の添削を受けた。その作文に接した徳輔は、将来、艮斎が大成することを見抜いていた。

十六歳になった艮斎は、師と仰いだ今泉徳輔の生家、今泉家の養子となっている。

しかし名主の家業である農事にはあまり馴染まず、密かに江戸遊学を決心し、十七歳で郷里を出奔し江戸へと向かう。江戸を目前にして、千住の宿場で日明という僧侶との出会いが、艮斎の学問をさらに開かせることとなる。日明の紹介によって、当時、江戸随一の学者と称された佐藤一斎の門に入ることとなった。文化四年（一八〇七）のことである。

師事した佐藤一斎は、文化二年（一八〇五）には江戸幕府の大学頭・林家の塾長となり、朱子学者ながら陽明学の影響も受けていた。門人は全国から三千名余ともいわれ、講義となると学生が部屋からあふれるほどであった。一斎の塾からは佐久間象山、横井小楠、渡辺崋山など、幕末に活躍した人物を数多く輩出した。安積艮斎もその一人である。

佐藤一斎に学ぶこと三年、文化七年（一八一〇）には二十歳にして一斎の先生である大学頭林述斎の門人となった。二十二歳の頃には、師の林述斎の代作を行うほどに学問を深めている。

文化十一年（一八一四）、二十四歳の安積艮斎は、先に触れたように江戸神田の駿河台を皮切りに私塾を開き、塾の場所は四度ほど移り変わる。松林飯山が入門した頃の安積艮斎は六十二歳、昌平黌の教授としてお茶の水の淡路坂に屋敷を構えていた。江戸に出府したばかりの松林飯山は、この淡路坂の艮斎屋敷に通い始めたのである。

さてその安積艮斎の学問・思想とは、どういうものであったのだろうか。艮斎は儒学、中でも朱子学の先生であった。まず儒学とは何だろうか。松林飯山が幼少期から読んだ『大学』という書物に、儒学の基本的な考えが記されている。和訳すると次のような内容である。

一身がよく修まってこそ、はじめて家が和合する。家が和合してこそ、始めて国が治まる。国が治まってこそ、はじめて世界中が平安になる。

すなわち家の和合、国の治政、世界の平安、この三つが達成された世の中が儒学の最終の目的であった。そのためには仁と義が必要であるとした。仁とは他人への親しみ、思いやりであり、義とは人として守るべき正しい道、道義のことである。儒学が目指したのは、仁義を実践して秩序ある社会をつくることであった。

中世の頃より日本の社会でも説かれていたこの儒学が、大きく路線を変えることとなるのは、寛政二年（一七九〇）に松平定信が行った寛政異学の禁であった。幕府学問所での講義は儒学の中でも朱子学のみと限定し、それ以外の学問を禁じたのである。

その施策の一つとして、寛政九年（一七九七）には儒家・林家の私塾であった聖堂学問所を、幕府直轄の昌平坂学問所（昌平黌）とした。そこで講じられるのは、もちろん、朱子学であり、この改革は全国の藩校にも影響を与えていった。

こうして江戸幕府の官学となった朱子学とは、どういう学問なのか。

紀元前に孔子によって説かれた儒学の教えは、十二世紀に現れた朱子（一一三〇〜一二〇〇年）によって新たな境地が開かれた。それまでの儒学は理論立てを行うことを第一とした。朱子はその理論に従って修養し、自己の人格を聖人・賢人の境地に高めていく修養の学、更にはその成果を政治の場に活かす学問と説いた。「修己治人の学」、すなわち己を高め、人々を治める学問が儒学であるとした。朱子によって説かれた儒教のこの新境地は朱子学と言われ、朝鮮半島、日本へと伝わっていた。

江戸幕府はこの朱子学を官学として採用していたから、その幕府学問所・昌平黌の教授であった安積艮斎の思想は、根本的にはこの朱子学の中にあったのは当然である。

しかし艮斎の随筆『艮斎間話』には、朱子学のみにこだわらない態度が記されている。訳文で記そう。

道は天下の公のものである。学問は天下の公のものである。孔子や孟子だけが手に入れて私物化するものではない。ひろく天下の善を取るべきである。（中略）朱子などの諸学者たちは勿論である。陸象山・王陽明の言も、善いところは皆従うべきである。漢と唐の儒学者の説も摂取すべきである。老子・壮士・法家・仏教の言も、善いものは皆摂取すべきである。

艮斎の思想の中には、朱子学だけに固執せずに、他の学問であっても善いところは摂取すべきとした。

先の『艮斎間話』に見えている陸象山・王陽明は共に中国の儒学者であるが、陸象山の学問を継承・発展させたのが王陽明（一四七二～一五二八）であった。今まで述べてきた朱子学は、古典の読書を通じて正しい行動を知ることを説いた。これに対して王陽明は「知行合一」、すなわち「知ることは行うこと、行うことが知ること」と、体験によって得られた認識・知識こそが大切だと説いた。この学風は王陽明が樹立したために、陽明学と呼ばれた。

　朱子学も陽明学も同じ儒学から発展した学問であったが、寛政異学の禁によって幕府は朱子学を正学と定めていた。しかし安積艮斎は、朱子学のみにこだわらず、とくにこの陽明学にも関心を抱いている。それは艮斎が師と仰いだ佐藤一斎、林述斎は共に朱子学者でありながら、陽明学にも関心を寄せていた。その影響を受けたのである。

　安積艮斎とほぼ同時代に生きた人物として大塩平八郎《おおしおへいはちろう》がいる。大坂町奉行所の与力であり、当時、著名な陽明学者であった。天保七年（一八三六）の大飢饉に際して、大坂町奉行の無策に対して兵を挙げ、鴻池家などの豪商を襲い窮民救済を行った人物である。挙兵は失敗したものの、乱の首謀者が陽明学者であったことは、幕末に向けて江戸幕府への批判が高まるなかに、陽明学は行動の学問として注目を集めることとなった。

　松林飯山は十四歳から昌平黌に入学する十八歳までの四年間、この安積艮斎の塾においで多くの事を学んだ。今後、飯山の行動・思想を通じて安積艮斎の影響を見ていくこととしよう。

安積艮斎塾に学んだ大村藩士

松林飯山は嘉永五年（一八五二）四月八日に大村藩士二名と共に、安積艮斎の塾に入門したと前述した。その艮斎は自らの塾への入門者、あるいは講義を聴講した者達を克明に記録し続けている。それは『授業録』との標題が付けられ、文政三年（一八二〇）より安政七年（一八六〇）まで、実に四十年間にわたる門人名簿である。経年によって文字が摩耗・欠損して門人名を判読し難い分もあるが、その分をも含めると三千百九名の門人を数える。

この門人名簿は『安積艮斎門人帳』として、安積艮斎顕彰会の駸々《しんしん》塾により翻刻され、門人の氏名、出身地、入門時期など門人の全容が明らかになった。[12] 門人の傾向として五万石以下の小藩の藩士が多く、東国より西国諸藩からの入門者が多いことなどが指摘されている。九州からは久留米藩の入門者が三十一名と圧倒的に多い。

大村藩からの入門者は、松林飯山を初めとして十二名を数える。その顔ぶれと大村藩家臣団の系図集『新撰士系録』などで判明する各人の事蹟を一覧化すると、表(2)のとおりである。

大村藩から安積艮斎塾への最初の入門者は、間幸次郎①であった。天保十二年

表(2)　安積艮斎の塾に学んだ大村藩士

No.	氏　名	入門時期	西暦	事　　蹟
1	間幸次郎	天保12年7月18日	1841	五教館定詰、弘化5年家督相続 元締所筆者仕立役、二ノ丸玄関番役
2	中尾駒藏	天保12年7月20日	1841	食禄50石、五教館寮生、天保12年江戸遊学、五教館監察
3	中村立助	天保13年8月4日	1842	事蹟不詳
4	中尾半兵衛	弘化4年	1847	食禄50石、伊能忠敬に従い藩内測量、五教館元締附、祭酒
5	冨永小次郎	嘉永5年4月8日	1852	事蹟不詳
6	朝長熊平　※	嘉永5年4月8日	1852	五教館定詰寮生、嘉永五年江戸遊学、五教館学頭、廩米15石
7	松林駒次郎 ※	嘉永5年4月8日	1852	五教館表定詰、嘉永5年江戸出府、廩米60石、五教館祭酒
8	北村杢太郎	嘉永6年8月24日	1853	郷村記筆役､嘉永2年筆道を江戸に学ぶ､在府10年、五教館習字師
9	福田賴藏	嘉永7年	1854	五教館表監察、藩主大村純顕側詰、藩主に陪従し出府
10	稲田貞三郎	嘉永7年	1854	稲田隼人弟、嘉永4年家督相続、江戸在府 、藩主幼君素読相手
11	宮原半十郎 ※	安政6年正月11日	1859	五教館表定詰、治振軒で新陰流を教える、安政5年江戸遊学
12	松田要三郎 ※	安政6年正月11日	1859	五教館寮生、槍術に出精、安政5年江戸遊学、五教館寮長

※印＝昌平黌入学者

（一八四一）七月十八日の入塾であるから、艮斎塾が麹町の貝坂にあった頃である。この人物は天保十年に五教館に表生、定詰として学んだ後に江戸へ出て艮斎塾に入門した。何年学んだかは不明であるが、帰藩後は元締所筆者仕立役などに就いている。

　中村立助③と冨永小次郎⑤の二人は、『新撰士系録』等にも記録がなく、履歴不詳である。その外の十名の内、七名までが藩校五教館に学んだ者達であった。藩校での学力を基礎に更に学問を深めんと、艮斎塾に入塾したのである。

五名程の者は大村藩『九葉実録』にも記録され、その事蹟も加えて個々に若干紹介してみよう。該当の人物は氏名の下部に表⑵中のNo.を示した。

中尾半兵衛④は、当時著名な儒者であった広瀬旭荘を五教館に招く交渉役を務めた人物である。天保十三年（一八四二）にはそれが実現し、旭荘は五教館で五ヵ月間、講義を行っている。五教館では孔子を祭る釈奠の儀が毎年行われたが、中尾半兵衛はその筆頭役の祭酒の立場にもあった。中尾駒藏②の父親に当たる。この中尾半兵衛の入門帳記録には「中尾駒藏請人」とあり、息子の駒藏の紹介によって入門した旨が記される。息子が父親の請人となり親子揃って艮斎塾に学んでいる。

朝長熊平⑥は、松林飯山、冨永小次郎と共に嘉永五年（一八五二）四月八日に入塾した。飯山が暗殺された後、飯山の墓石横の墓誌を記したのもこの人物である。

北村杢太郎⑧は五教館には学んでいないが、『新撰士系録』には小島五一の門弟となって、十年間、江戸の地で学ぶとある。『安積艮斎門人帳』にも氏名の左下に「小嶋五一塾生」とあって一致する。ここに見える小嶋五一とは小嶋成斎ともいい、江戸の著名な書家・市河米庵に十一歳から師事し、後に福山藩の書教授を務めた書家であった。北村李太郎はこの小島成斎に書道を学んだのである。
帰藩後は五教館習字師として、書道の指導に当たっている。大村藩が江戸初期から編纂を進めた『郷村記』清書本の筆役を務め、北村政治の名前でその筆跡は随所に伝わっている。松林飯山の墓誌銘も朝長熊平の撰文になり、書はこの北村李太郎(政治)によって記されている。

この北村李太郎は先に見た経歴から、市河米庵の系統を引いた書家といえる。かつて大村藩の神道無念流剣術の道場であった微神堂には、市河米庵の筆になる「微神堂」の扁額が掲げられている。なぜ米庵の額が大村の地に伝わるのか。大村藩の神道無念流師範であった斎藤勧之助の父、斎藤弥九郎が市河米庵と親しかったために、この弥九郎の仲介によって米庵が揮毫したといわれる。市河米庵の孫弟子に当たる北村李太郎も、この微神堂の扁額を確実に目にした筈である。どういう思いで見たのだろうか。

福田頼蔵⑨は藩主大村純顕の側詰役にあり、藩主に陪従して何度も江戸に出府し、また大坂聞役としても大坂中之島の蔵屋敷にも詰めている。藩主に最も近い近習番頭、五教館監察役も務め、こういった立場で記した『福田頼蔵日記』は、大村藩の幕末を直に見た記録として貴重である。本稿でもこの後、頻繁に史料として用いる。

稲田貞三郎⑩の艮斎塾入門にあたっては、門人帳に「塾生三人人請」と記録され、塾生三人の紹介によって安積艮斎門に入ることができた。貞三郎を紹介したこの三人とは誰なのか。塾生とあることから、おそらく二年前に入塾していた松林飯山・朝長熊平・冨永小次郎の仲介によるものと思われる。このように同藩のよしみで後進の面倒をみることも少なくなかったのであろう。

宮原半十郎⑪は、『安積艮斎門人帳』には「宮平半十郎」と記されるが、大村藩士には宮平姓は存在せず、宮原半十郎の誤記と思われる。武芸場である治振軒で新陰流を教えた。その後安政五年（一八五八）には遊学の命を受けて江戸に出府し、翌六年の正月早々に安積艮斎門下に入っている。艮斎の門人帳には名前の左下に「書生寮」と記され、これは幕府学問所・昌平黌の書生寮に入ったことを意味している。事実、昌平黌『書生寮姓名簿』にも安政六年（一八五九）の入寮、安積艮斎の門人、二十八歳とあって両記録は一致記する。ただ『新撰士系録』の宮原の事蹟には「東都ニ於テ病死」と記され、学問半ばにして江戸において病没している。

松田要三郎⑫は後に昌平黌に入るが、その前から安積塾に深く学んでいた訳ではなく、昌平黌入学に際して安積艮斎門人としての立場を得ている。学業を終え帰藩後は、慶応二年（一八六六）十二月二十五日に孝明天皇の崩御に伴い、翌三年二月九日に藩主に代わって京都で奉弔役副使を努めている。

以上、履歴不詳の二名を除く十名の履歴を見てきたが、各人の記録には江戸に遊学、あるいは江戸出府とはあるものの、安積艮斎塾に入塾とは一切記されていない。『安積艮斎門人帳』によって初めて知り得た事である。

ただこの者達の艮斎塾での勉学の実態は、ほとんど分からない。門人帳は『授業録』と名付けられているように、広く安積艮斎の授業を受けた者達の名簿であって、艮斎塾の塾生もいれば、講義を聴講しただけの者も含まれている。塾生は名簿の名前左下に「入塾」と記され一目して分かる。

大村藩士十二名の内、「入塾」と記された塾生は、天保十二年（一八四二）入塾の中尾駒蔵、嘉永五年（一八五二）四月八日に入塾の冨永小次郎・朝長熊平・松林飯山の四名のみであった。他の八名は塾生ではなく、艮斎の講義を単発で受講していた。

こういった艮斎塾での立場の違いはあるものの、江戸の艮斎塾で学んだ者達は、帰藩後は藩校五教館での指導・運営に関わり、藩主側近の役目に就き、天皇崩御の奉弔役を務めるなど、それ相応の役目に就き活躍している。ただ宮原半十郎のように江戸で病死し、故郷に帰ることもなかった藩士もいたのである。

安積艮斎塾への入門者を地域別に見たとき、先に九州からは久留米藩の入門者が三十一名と圧倒的に多かったと述べた。前にも触れたように松林飯山の父親・松林杏哲は実は久留米藩の出身であった。大村藩での中尾半兵衛・駒藏の親子で艮斎塾に入門した例があるので、松林杏哲も飯山に先立ち久留米藩士として入門したのではないかと、期待をもって門人帳を調査したが、残念ながらその名前は見当たらなかった。

九州諸藩から艮斎塾への入門者数を挙げれば、表(3)のとおりである。

表(3)　九州諸藩からの安積艮斎塾入門者数

藩名	国名	人数
久留米	筑後	31
飫肥	日向	13
福岡	筑前	13
大村	肥前	12
熊本	肥後	11
佐伯	豊後	10
薩摩	薩摩	10
佐賀	肥前	10
岡	豊後	6
高鍋	日向	5
唐津	肥前	3
宇戸	肥後	3
島原	肥前	3
延岡	日向	3
秋月	筑前	2
柳川	筑後	2
杵築	豊後	2
鹿島	肥前	2
対馬	対馬	2
小城	肥前	2
森	豊後	1
相良	肥後	1
中津	豊前	1
長崎	肥前	1

※『安積艮斎門人帳』より作表　　（註・長崎は天領）

九州の二十三の諸藩と天領長崎からの入門者を確認できる。久留米藩は福岡、熊本、薩摩、佐賀といった大藩を凌いで突厥した入門者を数える。この人数は当藩が学問を志す風土に長けていたことを示している。そのような風土の中に松林杏哲が登場し、杏哲が神童と言われた松林飯山を養子として迎えたのも、学問を好む久留米の土地柄が多分に影響していたのではないか。大村藩からの入門者十二名も二万七千石の小藩でありながら、九州諸藩の中では上位四番目を占めており、藩校五教館教育の成果と考えてよいだろう。

佐賀鹿島藩からは原弥太左衛門という人物が、飯山より三年遅れて安政二年(一八五五)に安積艮斎塾に入塾している。この人物は鹿島藩きっての学者として、最後の藩主鍋島直彬に仕え原応侯とも名乗った。松林飯山とは江戸在府中にも、またそれぞれ郷里に帰藩してからも親交が深かった人物である。その原応侯は江戸日記を残しており、江戸での生活ぶりがよく分かる(久布白兼武『原応侯』)。

安政二年(一八五五)の八月十日、入塾前日、原応侯と立石小太郎は安積塾入門のためとして、鹿島藩江戸藩邸より金壱両一分を借用している。[13] この金額が二人分とすると、一人当たりその半分の金二分二朱ほどが安積塾に入るには必要だったのであろう。

松林飯山をはじめとする大村藩からの入塾者も、この費用を払ったはずである。

安積塾の頃の飯山の思想―ペリー来航と「豊太閤論」から

松林飯山は嘉永五年(一八五二)、江戸に出府早々の四月には安積艮斎塾に入門していた。十四歳であった。その翌年の嘉永六年（一八五三）には、ペリーが率いる黒船が浦賀に来港する。その渦中に飯山は江戸に居たのである。この時、飯山は何を考え、どう行動したのであろうか。

この点について紹介されたのは近藤啓吾氏であった。自著の『古書先賢』の冒頭に収めた「古書漫筆」で松林飯山を真っ先に取り上げている。[14] 氏は昭和二十二年（一九四七）に東京本郷の古書店で、松林飯山の旧蔵書二箱分を二千円で求めている。その蔵書の一冊に『孫子』があり、飯山がその巻末に記した百二文字の漢文を引用・紹介されている。意訳すると次のような内容である。

嘉永五年甲寅の夏四月に亜米利加船が日本の港に入った。海防の事は急務である。天下の武士は文事から離れ武芸に腕を磨き、国内の気運は揺り動いている。しかし私自身は平凡な一書生に過ぎず、筆をもって業となし、刀を取って軍列を充たす事もできない。よってこの冬の十一月から『孫子』を読み始め、明年の五月に読み終えた。『孫子』の言語は簡潔、内容は非常に奥が深い。私は知識が浅はかであるから、果たしてこれを習得し得たといえようか。願わくは武士として笑われる事のないようにありたいものだ。

実はこの文章には間違いがある。ペリーの最初の来港は嘉永六年癸丑（一八五三）であり、二度目は翌嘉永七年（一八五四）甲寅であった。ところが飯山は冒頭にペリー来航を「嘉永五年甲寅」として文章を始めている。来港した時期も四月としているが、実は六月と正月であった。こういった年代の誤記から、ペリー来航より数年後に覚え書きとして書き残したものであろう。

それにしてもアメリカ東インド艦隊司令長官ペリーの来日によって、国中が震撼する中、十五歳頃の青年飯山が何を考えたのか、それを知り得る。一書生に過ぎない我が身は、刀をとって武で立ち向かうことは叶わないから、この国難解決の策を兵法書『孫子』に求めたのである。この兵法書に浸かり読破・研究すること七ヵ月に及んだ。

最後には、この非常時に笑われることのないよう、武士としての確固たる意見をもちたいものだと結んでいる。ここに『孫子』を選んだのは、いかにも学問人飯山らしい。

もう一つ当時の飯山の思想を知り得るものとして「豊太閤論」がある。安積艮斎塾に入門して四年後の十八歳の時、安政三年（一八五六）に著している（『飯山文存』、『飯山文集』所収)。安積艮斎の塾で学んだ成果を知る著述として注目される。

豊太閤とはもちろん、豊臣秀吉のことである。飯山がなぜ最初の著述に豊臣秀吉をとりあげたのか。文章は六一八文字から成る漢文で記されるが、要約すると次のような内容である。

英雄が天下を取るには、まず豪傑の心、そして籠絡《ろうらく》、すなわち相手をたくみに言いくるめて、自分の内に丸め込む気概も必要である。しかし豪傑の士は術中に陥り、自らの力を知らない。何をもって事をなすかは度量である。群雄をまとめるのに度量が不足すれば、極めて些細なことで争おうとする。そのような天下の乱れは止まることがなかった。

室町の世は国中が八九に分裂した。中でも安芸の毛利氏、越後の上杉氏、奥羽の伊達氏などは最たる武将であったが、世を治めることはなかった。それは各武将達の資質に起因する。

龍は天へと昇り、虎は下を見ることはない。豊臣秀吉は身分低い家に生まれながら、何の頼るものもなく戦乱に打ち勝ち天下を平定した。その目指すところは、龍となり虎となって、首を伏せず尾を揺すって筋道を歩くことであった。その度量の大きさにおいて外に例がない。

豊臣秀吉が、毛利、上杉、伊達の三武将を、また高松城攻め、佐々成政攻め、小田原征伐などを通じて、自らの支配下に治め得たのは、太閤の度量の大きさによるものである。

徳川家康もなかなか太閤の支配下に入らなかったが、豊太閤は自らの母親を家康のもとに人質として送ることにより、家康の見参が実現した。こういった豊太閤の天質・英毅・聲勢を知るべきである。時には立派な貢ぎ物、婚姻関係、また人質の策をもって天下を和合統一した。これは豊太閤の術であり、他人を言いくるめて味方に付ける籠絡とは次元を乗り越えたものである。しかし太閤の度量をもってしても、天地はまだ狭く、江戸の代も閉ざされている。

身分の低い家に身を起こした一世のこの豪傑は、転倒すれば自らを鼓舞し、時には甘言を使うことも役目とした。そもそもそれが豊臣秀吉の原点であった。

冒頭にも触れたが、十八歳の飯山はなぜ豊臣秀吉に感心を抱いたのだろうか。

飯山はこの文中で豊臣秀吉の出身を、「人奴に起こりて」という表現を二度使っている。「人奴」とは「身分の低い家」という意味であろう。『太閤素性記』によると、秀吉は尾張国愛知郡中村（現・名古屋市中村区）に、木下弥右衛門の息子として生まれた。通説によると父親の弥右衛門は農民、あるいは足軽であったといわれる。

他の戦国大名衆が代々の名家、あるいは地域の土豪出身であったのに比べ、秀吉はそういった下層に生まれながら、天下を統一するに至った、この点に飯山は興味を抱いたのである。最初の「人奴に起りて」に続けて「徒手」にて戦乱を平定したと記すが、この「徒手」とは「何の頼るところもなく」という意味である。この表現にも飯山の秀吉への心酔ぶりが読み取れる。

飯山はこの六一八文字の「豊太閤論」の中で、「籠絡」という言葉を十三度も用いている。先の文中でも要約したが、「たくみに言いくるめて、自分の内に丸め込む」、もう少し簡単に言うと「人をうまく丸め込む」という意味で使われる。

この文章の冒頭に天下を治めるには、豪傑の心と籠絡が必要であると述べていた。戦国の武将達は、この籠絡によって天下を治めようとしてきた、飯山の目にはそう映っていた。しかし天下を平定する術は籠絡ではなく、心の広さ、度量であるという。豊太閤はこの度量で天下をとったと強調し、自らの母親を徳川家康に人質として送って家康を屈服させたと、豊太閤の度量の大きさを具体的に示している。

松林飯山は豊太閤・豊臣秀吉のこの度量に心酔した。しかし秀吉の度量によって平定された時代ではあったが、自らが生きる江戸の代に至っても閉塞された社会であると、現状を分析する。

この『豊太閤論』の内容は、国史を述べるだけに止まらず、歴史を動かしてきた思想の分野にまで立ち入っている。十四歳で入門した安積艮斎塾での勉学の成果と考えよいだろう。

文章の最後には安積艮斎が所見を記している。

さて師の評価はどうだったのか。飯山の才能を才華、すなわち「外に表れたほとばしる才能」と褒め、その才覚は「坌涌《ふんゆう》」、すなわち短期間に多くのものを学び、その広がりは干潟千里に及ぶほどであると、高い評価であった。

第三章

江戸遊学（二）——昌平黌に学ぶ

昌平黌に学んだ松林飯山と大村藩士

四年間の安積艮斎塾での勉学を終えた後、飯山が選んだ道は、江戸幕府の最高学問所・昌平黌への入学であった。昌平黌は前にもふれたが、江戸幕府の儒家であった林家の私塾・聖堂学問所を、寛政九年（一七九七）に松平定信の改革によって幕府直営の学問所としたものである。場所は湯島にあり、全国の秀才が集った。

東京都立中央図書館と東京大学史料編纂所には、昌平黌『書生寮姓名簿』という入寮者の名簿が所蔵されている。[15] 両名簿とも奥付には、「右ハ明治四拾三年五月十七八日両日間、鹿門先生依頼ニテ写ス」とあり、明治四十三年（一九一〇）に岡鹿門の依頼によって写書された同系統の写本である。本稿では東京都立中央図書館所蔵の名簿を用いる。この書生寮名簿によると安政三年（一八五六）に、飯山の名前を次のように見いだすことができる。

安政三年入　同五詩文掛　同六年退　大村丹後守　安積門　松林駒次郎　辰十八

記録内容は、安政三年に入寮、安政五年には昌平黌の詩文掛、安政六年に退寮、大村丹後守純熙の家臣、安積艮斎の門下、辰年生まれの十八歳と、飯山の経歴が詳しく記されている。この記録を元にして飯山の昌平黌での学問・生活を見ていくこととしよう。

　この書生寮名簿は、文政十三年（一八三〇）に入寮し、弘化四年（一八四七）に退寮した日野良之助の記録から始まる。さらに記録の冒頭には「弘化丙午以来」と記され、これは弘化三年丙午（一八四六）の年から記録を始めたと解釈される。そして慶応元年（一八六五）十月入学の生駒傅之丞で終わっているので、二十年間の書生達を収録したものである。巻末にはその間の合計人数が五百十四名と記されている。

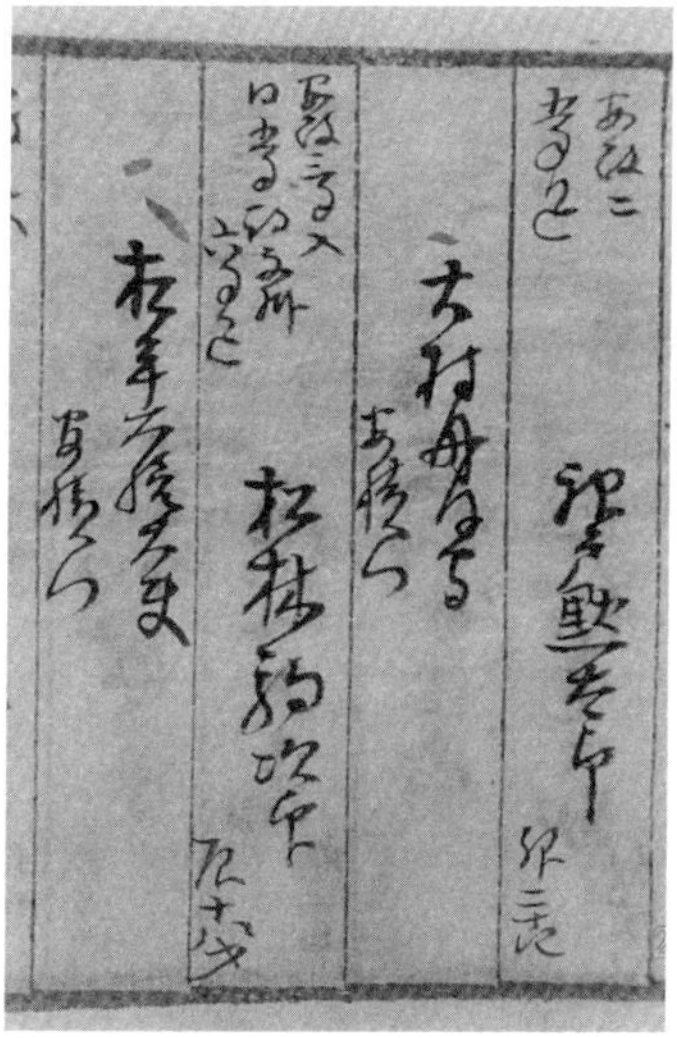

松林飯山の昌平黌入寮記録
（東京都立中央図書館所蔵『書生寮姓名簿』）

　その内の一人が松林飯山であり、それ外に大村藩から三名の入学者があったことは先にふれた。更にこの書生寮名簿によると、大村藩から先

表(4)　昌平黌に学んだ大村藩士

No.	氏名	年齢	学派	入所年 退所年	西暦	経歴
1	稲田大之助	19	佐藤門	弘化4年 嘉永2年	1847 1849	二本槍復旧60石 帰藩後留守居副役 治振軒用掛
2	福田逸造	17	佐藤門	弘化5年 嘉永3年	1848 1850	嘉永元年江戸遊学 治振軒用掛 士系録調用掛
3	羽多杢之進	20	佐藤門	弘化5年 嘉永4年	1848 1851	60石 4度江戸出府 五教館監察 藩主純熈用掛
4	加藤小一郎	22	佐藤門	嘉永2年 嘉永4年	1849 1851	嘉永元年より同6年江戸遊学 京都遊学 五教館監察
5	稲田翁助	24	古賀門	嘉永3年 嘉永5年	1850 1852	藩主入藩時道中中小姓 五教館学頭 江戸出府3度
6	朝長熊平	23	安積門	嘉永7年 嘉永7年	1854 1854	嘉永5年江戸遊学 帰藩後京都遊学 馬廻 五教館教授
7	松林駒次郎	18	安積門	安政3年 安政6年	1856 1859	五教館表定詰 嘉永5年江戸出府 廩米60石 五教館祭酒
8	宮原半十郎	28	安積門	安政6年	1859	治振軒で新陰流剣術指導 安政5年江戸遊学中に病死
9	松田要三郎	24	安積門	安政6年	1859	槍術稽古 安政5年江戸遊学 万延元年帰藩 五教館寮長
10	野澤槇之進	21	安積門	安政6年 万延元年	1856 1860	安政5年江戸遊学 近習番頭 元治2年朝廷拝謁に陪従
11	山口敬次郎	25	安積門	万延元年 文久3年	1860 1863	岩永信太郎弟 五教館寮生 万延元年江戸遊学
12	朝長悌治	29	佐藤門	文久元年	1860	大村太左衛門下僕 元治元年中小姓 五教館表定詰（九葉）
13	田中慎吉(吾)	22	安積門	文久元年 文久2年冬	1861 1862	文久2年在府遊学、京都探索 慶応元年品行悪く職禄失う（九葉）
14	長岡治三郎	22	安積門	文久元年 文久2年冬	1861 1862	広間番 文久元年江戸遊学 同3年京都遊学 五教館頭取
15	佐々木源之助	18	中村門	文久2年 文久3年	1862 1863	145石余 文久2年江戸遊学 翌年帰藩 広間番 中小姓
16	北條齋次郎	18	中村門	文久3年	1863	藩主幼君伽番 元治元年五教館寮生 同年家督を継ぐ
17	深澤栄之助	20	中村門	文久3年	1863	安政3年藩主幼君伽番 五教館寮生 元治元年江戸遊学
18	井石兵馬	23	中村門	慶応元年	1865	嘉永3年藩主幼君伽番 肥後に遊学 元治元年五教館齋長
19	朝山健作	20	中村門	慶応元年	1865	二代前より医家、兄松軒は藩侍医 本人の事跡記録なし
20	片山艮藏	19	中村門	慶応元年	1865	安政5年五教館表生 文久元年同定詰 元治元年同寮生

註1・（九葉）は『九葉實録』によったことを示す
註2・『書生寮姓名簿』に田中慎吉（No.13）とあるのは田中慎吾の誤記

の四人を含めて二十名が確認できる。その氏名、所属の門下、入寮・退寮の年、年齢などが分かる。大村藩家臣団の系図集『新撰士系録』により各人の経歴を加えて一覧化すると、表(4)のとおりである。退寮年が空欄になっているのは、記載がない分である

表(4)によると弘化四年（一八四七）から慶応元年（一八六五）までの十九ヵ年に、二十名の大村藩士が昌平黌に入寮していた。まず当の二十名を全体的に見ると、その内の十五名は『新撰士系録』の系図事蹟に確かに江戸遊学と記されている。ただそれが昌平黌への入寮とまでは書かれていないが、実は江戸幕府の最高学府で学ぶための江戸出府であったのである。表(4)の収録者にはNo.を付けたが、以下、必要に応じて人名下部にこのNo.を付しながら説明する。

朝長悌治⑫、北條齋次郎⑯、井石兵馬⑱、朝山健作⑲、片山艮藏⑳の五人の経歴中には、江戸遊学を示すような記述はないが、昌平黌『書生寮姓名簿』にそれぞれの姓名が記録されているので、昌平黌に学んだことは間違いない。

この二十名が昌平黌に在籍した時期を見ると、弘化四年（一八四七）から最後の慶応元年（一八六五）まで、大村藩士はほとんど途切れることなく在籍していた。ただ稲田

翁助⑤退寮の嘉永五年（一八五三）から、朝長熊平⑥が入寮する嘉永七年までの二年間、また朝長熊平⑥が退寮した嘉永七年（一八五四）から、松林駒次郎（飯山）⑦が入寮する安政三年（一八五六）までの二年間、そして深澤栄之助⑰の退寮（一八六三）から井石兵馬⑱入寮（一八六五）までの二年間、この時期には入寮者が途絶えているが、その外の十三年間は、昌平黌にほぼ一人は大村藩士の姿があった。

年齢層は十代が五人、他はすべて二十代、多くはその前半の歳である。最年長者は、朝長悌治⑫の二十九歳であった。この人物については後に改めて述べる。

昌平黌の在籍年は、後述するが一年間が原則であった。大村藩士二十名のうち八名は退寮年が記されないので不明であるが、その外の十二名は一年未満から四年に及ぶ者とさまざまである。四年間在籍したのは野澤槙之進⑩の一人、三年間の在籍者は、羽多杢之助③、松林駒次郎⑦、山口敬次郎⑪の三人である。残る九名は一年未満から二年と短期間であった。一・二年で退寮した加藤小一郎④・朝長熊平⑥・田中慎吾⑬・長岡治三郎⑭については、それなりの理由があった。個別に人物を見る際に後述しよう。

『書生寮姓名簿』には、表⑷にも示したが、書生達の所属先が「安積門」、「佐藤門」

などと記されている。昌平黌への入学は、昌平黌教官の門下生として入ることが原則であったから、どの教官の弟子という意味から安積門・佐藤門と記録された。大村藩士二十名は、佐藤門五名、安積門八名、中村門六名、古賀門一名であった。

佐藤門とは前項の「安積艮斎の学問」でもふれたが、当時、江戸随一の学者と称された佐藤一斎のことである。江戸幕府の大学頭・林家の塾長であり、門人は全国から三千名余ともいわれ、安積艮斎もその門人の一人であった。一齋は七十歳で昌平黌の教授となっている。大村藩士でこの門下は五名であった。

安積門は松林飯山も学んだ安積艮斎の門下である。先に飯山の師として詳しくふれた。大村藩から安積塾に入門した者は、表(2)に掲げた十二名であった。そこから昌平黌に入学した者は、飯山と朝長熊平、宮原半十郎、松田要三郎の四名と記しておいた。それ以外に野澤槙之進、山口敬次郎、田中慎吾、長岡治三郎の四名も安積門として昌平黌に入学している。合計八名がこの安積門である。

中村門は六名であったが、中村正直の門下生である。中村は天保三年（一八三二）に生まれ、後に敬輔、敬宇とも号した。自らも嘉永元年（一八四八）に昌平黌に入り佐藤一斎に学び、文久二年（一八六二）には幕府の儒家となっている。この人物は洋学も学び、事実、慶応二年（一八六六）から幕府の英国留学生派遣に取締として同行している。

この門下生六名は、中村から洋学の手ほどきを受けたことも充分考えられる。中村は明治初期のベストセラー、『英国立志編』の訳者としても著名である。

古賀門は一名、稲田翁助⑤のみであった。古賀門とは古賀謹一郎のことである。祖父は佐賀出身の古賀精里、父は古賀侗堂と儒家の名門に文化十三年（一八一六）に生まれている。名は増《まさる》ともいい、茶渓、謹堂と号した。古賀家の家学を継いで儒者となり、一方では洋学にも理解があり、安政二年（一八五五）には幕府の洋学所頭取に任じられた。その前の嘉永六年（一八八三）には、長崎に来港したロシア使節プチャーチンの条約要請に際して、その応接掛の一員として長崎にも赴いていた。幕府が瓦解した後、明治新政府の役人として要請を受けたが、固辞して明治政府に入ることはなかった。

先に中村門主として中村正直を紹介したが、その中村の訳書『英国立志編』に古賀謹一郎は序文を寄せているので、両名は親交が深かったのであろう。

稲田翁助はこの古賀門下で、誇り高き儒家名門の朱子学はもちろんのこと、中村門同様に洋学の教えも受けたのかもしれない。

幕府の学問所・昌平黌に学ぶことは、将来を嘱望された者達であった。まさにその代表が松林飯山と言ってもよいだろう。二十名のうち数名の者についてその後の動向を見てみよう。

加藤小一郎④、朝長熊平⑥、田中慎吾⑬、長岡治三郎⑭の経歴を見ると、昌平黌への遊学と共に京都遊学、京都探索ともあって京都にも学んでいる。この四名が京都で何を勉学したか、よく分からないが、大村藩の公的日記『九葉実録』の文久二年(一八六二)十二月十五日の記事に、大村藩士の京都遊学の実態を次のように記す。意訳する。

この度、幕府においては改革が行われ、来春には将軍自らが御上洛と聞く。これはどのような趣旨なのか、京都はもちろん諸藩の動向も把握したいので、今、江戸に遊学している長岡治三郎と田中慎吾を京都に向かわせ、時世を探索させ、折々にその情報を国許へ伝えるように命じた。

ここに見える二人が京都に向かった文久二年(一八六二)には、幕府は大名達に永年課してきた参勤交代を緩和するという大改革を行い、京都の世情不安から松平容保を京都守護職に任じ、京都の警備を強化していく。そして翌年三月には将軍徳川家茂の上洛と、世情が目まぐるしく動いた時であった。このような時世の緊迫下で長岡治三郎と田中慎吾を急遽、江戸から京都に向かわせ、当地の世情の探索を命じたのである。

この二人は事実、文久二年の冬には昌平黌を退寮しているから、大村藩からの指示の時期と一致する。二人の京都遊学・探索とはこのような任務を帯びたものであった。加藤小一郎と朝長熊平の京都遊学も、おそらく同様の任務であったと思われる。特に朝長熊平は嘉永七年（一八五四）に昌平黌に入寮し、その年の内に退寮している。京都探索の命が下ったために、昌平黌を早々に退寮し京都へと向かったのである。

文久元年（一八六一）に昌平黌に入寮した者に朝長悌治⑫という人物がいた。この朝長は大村藩家臣団の系図を収めた『新撰士系録』には収録されていない。表⑷の経歴欄に記したように、『九葉実録』によると大村太左衛門に仕える下僕でありながら、五教館を経て江戸に上って昌平黌に学び、帰藩後は中小姓という藩主の側近くに使える役目についている。『新撰士系録』に収録されないほどの低い家格ながら、学問を好み努力した人物であった。昌平黌に入ったのも二十九歳と最年長、苦労の跡が窺える。

将来を嘱望されながらも、それに反する人物もいた。文久元年（一八六一）に昌平黌に入寮した田中慎吾は、急遽、京都の世情探索を命じられた人物として紹介した。この田中は昌平黌『書生姓名簿』には「田中慎吉」と記されているが、先の『九葉実録』の記事と照合しても、これは明らかに「田中慎吾」の誤記である。この人物も『新撰士系録』には収録されていない。

ただ『九葉実録』の慶応元年（一八六五）八月十三日の記事に登場する。

江戸遊学、また京都での探索任務を終えて帰藩した田中慎吾は、当時、五教館の訓導の役にあった。教授・助教の補佐役である。しかし品行が悪く風紀を乱したために、職と俸禄とを没収されたと、驚くべき記事を伝えている。その品行は相当悪かったらしく、同年八月二十五日には五教館の学生に風紀引き締めの訓告が行われたが、訓告中に名指しで田中慎吾の品行の悪さを戒めている。飲食に関わる行動が卑猥であったというから、酒癖が悪かったのであろうか。

田中慎吾は幕府の最高学府・昌平黌に学び、世情の緊迫により急遽、京都の事情探索を行うなど、将来、大村藩を背負って立つ筈の人物であったのだろうが、身上を潰し、家臣団の系図集の『新撰士系録』にも名前はとどめていない。

しかしこの人物、当時の大村藩政に大きな憤りを覚え、酒に走ったのである。詳しくは第六章「五教館改革の渦中に松林飯山、教授の任に」の項で後述する。

後に詳しく述べるが、大村藩は薩摩・長州と共に倒幕の旗印のもとに、新しい国家づくりに邁進するが、藩内でその中心となったのは、勤王三十七士と言われる面々であった。昌平黌に学んだ二十名の内、六名がその三十七士に名を連ねている。すなわち加藤小一郎(勇)、朝長熊平、松林駒次郎(飯山)、松田要三郎、野澤槙之進、長岡治三郎である。

昌平黌での学問・生活

昌平黌は先にもふれたが、正しくは昌平坂学問所である。略称して聖堂ともいった。学問所の中に孔子像を祀る聖堂があったからである。

その学問所は本来、幕府に直属する旗本の子弟の教育機関であったが、寛政の改革によって旗本子弟が入る従来の寄宿寮に加えて書生寮が設けられ、諸藩より選抜された青年達の入寮就学が可能となった。寄宿寮は内寮、書生寮は外寮ともいった。

この二つの寮については、森銑三の『松本奎堂』[16]や久布白兼武の『原応侯』に詳しい記述がある。この二書によって飯山達が学んだ当時の昌平黌を見てみよう。

旗本の子弟が入る寄宿寮は三棟から成り、天保年間（一八三〇～四四）からは四十八名が定員であった。諸藩の藩士が入寮する書生寮は、南寮と北寮の二棟の建物があり、四十名ほどの収容が可能であった。書生寮に入学するには幕府の大学頭の林家、及び昌平黌の儒官（教官）から、自らの門人としての紹介が必要であった。満員で入寮できない場合は、先ず儒官の門人となって欠員が出るのを待った。こうして書生寮に入った者の名簿が、先に示した『書生寮姓名簿』である。従って大村藩士二十名はこの書生寮に寄宿して学んだのである。

書生寮には学生達の就学と生活に関する十条から成る規則があり、意訳すると次のような内容である。[17]

一、入寮の上は藩士・浪人の差別はなく取り扱うので、そのように心得るべき事。

一、平常から慎み深くへりくだり、互いに譲り合って講習を行うべし、徒党を組んで口論など決して行ってはならない。

一、書生寮の入寮期間は十二ヵ月と定める。ただし引き続き留学を望む者は手続きをして指図を得る事。

一、毎朝早起きをして袴を着け、食堂では礼節をもって食事を戴き、夜五ツ時（午後八時）以降は勝手次第に休憩して良い。
一、寮からの外出は一ヵ月に十日とする。ただ主用によって願い出た時は適宜に許可する。
一、門限は暮れ六ツ時（午後六時）とし、遅刻があってはならない。
一、祭礼や諸行事の日も、門限時刻は同様に心得ておくべき事。
一、遊戯場や群衆が集まる場所には出入りしてはならない。
一、講習を受ける時には雑談をしてはならない。
一、寮内禁酒であり、その定めを堅く守る事。
右の条項を堅く守る事、若し違反する者があれば退寮を申し付ける。
天保七年七月四日、改革の時にこのように規定を改めたが、大同小異、詳密を加えただけである。

寮内での生活・就学は、まず藩士・浪人の分け隔てはなかった。朝は早起きして袴を着けての生活、食事も礼儀正しく、講習が始まるとお互いに譲り合い、意見が合う者同士が組して、意見が異なる者との口論は戒められた。夜の八時以降は自由な時間であった。入寮期間は原則として一年間、さらに就学を望む者は更に許可が必要であった。外出は月に十日間許されていたが、遊戯場などの群衆が集まる場所への出入りは禁止され、門限は午後六時であった。そして寮内での禁酒を堅く言い付けている。この規則に違反する者は、退寮が命じられた。

この書生寮の学生と旗本の子弟が入寮した寄宿寮とは、春秋二回の詩会の席で座を同じくするくらいで、ほとんど交流はなかった。旗本の子弟と地方からの藩士とは、互いに相容れない意識があって争論に及ぶこともあり、旗本の威厳に係わるとして隔絶されていた。

松林飯山をはじめ二十名の大村藩士が昌平黌に入寮した当時の儒官は、佐藤一斎と安積艮斎の当代きっての学者であったが、この二人からの講釈は一月に八・九回ほどに過ぎず、寮生は専ら自己研修と寮生同士で切磋琢磨することであった。

書生寮では毎月三回、詩文会が催され、その内の一回は正式なものであった。月の初めに課題五・六題が掲示され、当日は夜になると、小槌の合図で一同会堂に集まる。まずお茶が出てしばらく雑談するうちに、ここでまた席毎の課題が示される。一旦会堂を退いて自室に戻る。この夜は発声して書を読むことは禁じられた。

午後九時になると、皆、再び会堂に集まる。そしていよいよ詩文掛によって秀作の朗読が始まる。さらに詩文掛は評を付けて皆に回覧し、お互いに批評するのである。その中の佳作は浄書され、儒官（教官）による添削の手が入る。当時の儒官は飯山の師でもあった安積艮斎である。儒官の評を得た秀作は『抜尤集《ばつゆうしゅう》』という冊子の中に収録された。

この詩文会を取り仕切るのが詩文掛である。先に松林飯山の『書生寮姓名簿』を引用したが、「安政三年入　同五詩文掛　同六年退」とあった。すなわち安政三年（一八五六）に昌平黌に入寮、その二年後の安政五年には、飯山はこの詩文掛となっていた。書生寮の全員が列して行われる詩文会を取り仕切ったのである。

詩文掛は寮生の詩文を添削する役目を帯びていたから、漢詩の相当の素養を必要とした。入寮の新旧にかかわらず、その能力・学力によって任命され、この掛になることは名誉なことであった。詩文掛には年末に多少の手当と筆墨紙料が支給された。

書生寮の運営は自治制が敷かれていた。学業が優秀で徳望もあり入寮経験も長い者が舎長となり、寮中一切の事務を担当した。この役目は学生ながらも権力があり、書生寮北寮の六畳の一室を専用できた。その下に助勤が二人いて舎長を補佐した。舎長には五人扶持、助勤には三人扶持が支給された。一人扶持とは一日一人前・米五合の支給であるから、年俸では米一石八斗（五俵）となる。舎長の五人扶持で米九石（二十五俵）、助勤の三人扶持で五石四斗（十五俵）、これだけの扶持米を年間の手当としてもらっていた。

昌平黌に入る費用は自弁であった。どのくらいの費用が必要であったのだろうか。前述の鹿島藩の原応侯が、同学問所へ入学する際の費用をめぐって藩との交渉記録が残っている（『原応侯』）。

応侯は金十五両を望んだようだが、藩庁からの決定通知は十両であった。応侯は即座に江戸藩邸に年間の支出の詳細を挙げて詰め寄った。月々に納める飯代が三分、昌平黌の教官七・八名への歳暮・中元の付け届け、月に二・三度ある詩文会時の支出、日常必要とする筆、紙、墨、衣装代など、金二十両は事欠かせぬと、そして隣の小城藩では十九両が支給されていると、他藩の例まで引き合いに出して増額を懇願している。その結果、原応侯への昌平黌就学の年間支給額は、金十五両と決定している。

小城藩では十九両が支給されていたというから、昌平黌に学ぶには年間に金十五両から二十両ほどの学資が必要であったのであろう。当然、松林飯山もこれほどの費用を工面していたはずである。

松林飯山の昌平黌入寮は安政三年（一八五六）であったが、実はその前年の安政二年（一八五五）の十月二日の夜、江戸は大地震に襲われた。いわゆる安政の大地震である。地震にともなう火災は昌平黌にも及び全焼した。学生たちは二・三名ずつ分散して独習に励む日々が続いた。飯山が昌平黌に入ったのは被災の翌年であり、おそらく学舎の再建中であったと思われる。飯山の「送續子修序」に安政三年（一八五六）八月に学舎の修理が終わった、自分もまた学舎に入ったと記している。被災から十ヵ月後には書生寮は再建され、昌平黌に平常が戻っていた。

昌平黌での交流と気風

昌平黌書生寮の定員は約四十名であったが、飯山はその書生寮の仲間達と安政三年（一八五六）から同六年（一八五九）まで生活と勉学を共にした。その学友達との交流を見てみたい。

その中でも後に大坂で雙松岡《そうしょうこう》という塾を、共に開くことになる二人の人物がいた。松本奎堂と岡鹿門である。松本奎堂は三河国刈谷藩に天保二年（一八三一）に生まれた。

岡鹿門は天保四年（一八三三）に仙台藩に生まれている。松林飯山は天保十年（一八三九）の生まれであるから、奎堂と鹿門は飯山より八歳、および六歳も歳上であった。

まず松本奎堂は昌平黌の書生寮姓名簿によると、嘉永二年（一八四九）に二十二歳で昌平黌に入門している。その後、安政二年（一八五五）に詩文掛、同三年に書生寮舎長助、翌四年には舎長（寮長）をそれぞれ勤めるなど、寮生のとりまとめ役であった。

しかし気性の激しい人物であったようだ。岡鹿門の『在臆話記』[18]にはその一端を記している。同じ寮生の鯖江藩の大郷巻藏は飲食を共にしても金払いが悪いなど、日頃から寮生の間では不評の人物であった。その大郷巻藏と酔って帰って来た奎堂は、談話するうちに激論となり、奎堂はついに風爐（茶釜）を投げつけてしまう。このことが原因となり奎堂は、嘉永五年（一八五二）に昌平黌を退寮となった。

しかしその後、岡鹿門などの助言によって安政二年（一八五五）には、昌平黌書生寮へ再入寮を果たす。寮では欠員となっていた詩文掛にすぐつくほどであった。奎堂の再入寮に尽力した岡鹿門は、『在臆話記』に奎堂の才能ぶりを、自らの性格と比べながら記している。意訳すると次のような内容である。[19]

自分の性格は極めて鈍感で常に刻苦勉励せねばならず、志と行動には違いがあってはならないと思っている。しかし奎堂は才能が衆人をかけ離れ、物事に束縛されることもない。文章に極めて秀で、書は古賀の修験寺の霞厓という人物に学んだ。初唐の能書家・孫過庭の書蹟手本や、張天錫編の草書字典『草書韻会』を常に離さず机上に置いている。詩文においても層の厚い名だたる者達を圧倒している。入寮一年目にして、書生寮の月々の会計掛である月算を務めるほどである。

奎堂は物事にこだわらず豪快、文事においては人並み外れた才能をもった人物であった。そのような性格から不条理な大郷巻藏に怒り、風爐を投げつけたのである。

頼山陽の『日本外史』を論じる

この松本奎堂が昌平黌に再入学した二年目の安政三年（一八五六）に、松林飯山は昌平黌へ入っている。奎堂はその時、書生寮舎長助（副寮長）の立場にあり、飯山はこの豪快・破天荒な奎堂と共に学ぶこととなるのである。

時に飯山十八歳、奎堂二十六歳であった。この二人の関係が窺い知れる記録が残っている。飯山は昌平黌に入った年に「論日本外史体裁之失」という一文を著し、頼山陽が記した『日本外史』について論じている。その一文は『飯山文存』、『飯山文集』に収録されているが、飯山のこの記述の文末に松本奎堂が所見を寄せている。意訳すると次のような所見であった。

頼山陽は『日本外史』を著し、自らが言うには前後五百年の間、これだけの武家の歴史書は現れないだろうと。しかし飯山兄はその隙を見つけて不備を攻めている。論は確実で筆は鋭い。亡くなった頼山陽が見ることがあれば、後世、畏るべき人物と驚嘆するだろう。

『日本外史』は幕末期の尊皇の志士たちによく読まれた武家の歴史書である。しかし軍記物語を根拠としたために、歴史的記述に難点があり、飯山はここを突いたのである。それを察した奎堂は、昌平黌に入学したばかりの若干十八歳の飯山を「論確筆鋭」の論客と評したのだ。

またもう一つ、飯山は入学二年目の安政四年（一八五七）に、日光東照宮への九日間の紀行文を著しているが、松本奎堂はこの紀行文をも評釈し朱筆を入れている。語句の訂正や追加は二十一箇所に及ぶ。例えば「出江戸」を「発程」、日光東照宮の「神色」を「神気」、中禅寺にある「芭蕉翁俳句」を「芭蕉翁俳句碑」という具合に改め、また文章に異議がある場合は、その文章頭部に奎堂の意見を朱筆している。

例えば紀行文の冒頭に、飯山は江戸滞在六年の間に各地を巡ったことを、「南は房総を尽くし、東は常陸を窮める」と記しているが、奎堂は、房総も常陸も江戸から近隣の地であって、そんな近い所を巡って「尽くして、窮める」と言えるのかと、なかなか手厳しい。このような指摘が十五箇所見られる。

飯山は七月二十一日に日光の旅から江戸に戻るが、それから一月も経たない内に奎堂は飯山の紀行文に目を通し、八月中旬、昌平黌での孔子を祭る釋菜の前夜、舎長の一人部屋で行燈の灯りのもとに校閲を終えた。その評価は原文通りに記すと「簡浄詳明」、すなわち慎ましく清潔で詳細・明快な紀行文と褒め称えている。

飯山は岡鹿門も絶賛した奎堂の詩文力に魅せられて、紀行文の評釈を頼んだのであろう。年齢には八歳の差があったものの、二人の間には深い交流があった。

ペリー来航に反応した飯山の友人

飯山のもう一人の盟友・岡鹿門は、書生寮姓名簿によると昌平黌への入学は嘉永五年（一八五二）であった。安政四年（一八五七）には経義掛、翌五年には松本奎堂の後を受けて書生寮舎長となったが、その年の十二月に退寮している。したがって飯山と鹿門が昌平黌で共に学んだのは、安政三年（一八五六）から同五年までの三カ年であった。

岡鹿門は七十五年間の人生を口述した『在臆話記』という記録を残している。昌平黌入学から始まり、先にも引用したが松本奎堂のことは何度も登場するが、昌平黌時代の松林飯山のことはほとんど記されていない。その後の大坂の雙松岡時代には、二人の交流は頻繁に登場する。その根底には昌平黌書生寮で一緒であったというよしみがあったからである。ここでは岡鹿門の記録を通して、鹿門と飯山が学んだ頃の昌平黌の気風などを見てみよう。

二人が昌平黌に在学した嘉永・安政年間（一八四八〜一八六〇）といえば、嘉永六年（一八五三）のアメリカ東インド艦隊司令長官ペリーの来日によって、江戸社会が大きく揺らいだ時期であった。また安政年間には吉田松陰を始め、多くの反幕府勢力が処刑された。いわゆる安政の大獄である。

鹿門は吉田松陰のペリー再来時の行動を、「この時、吉田松陰は、夜中に（アメリカ船に）乗り移り逮捕された。その行李の中に佐久間象山の露骨有の詩文があったために投獄された」と『在臆話記』に書き留めている。[20] 安政元年（一八五四）のことである。また嘉永・安政期の昌平黌書生寮の気風は一変したとも記す。[21] 西洋列強国の外圧以来、在寮生は攘夷論に熱狂し、藤田東湖や佐久間象山などの名家大家を訪ねて教えを請い、大家の著書を探し求めた。そのために寮規則の月に十日の外出では、到底時間が足りず、外出許可日の増加を嘆願するほどであった。

緊迫した世情から撃剣（剣術）も盛んとなり、千葉道場や斎藤道場に通う者、兵学を佐久間象山に学ぶ者も、騎馬術を習う者と武芸が大流行となった。中には蘭学を学ぶ者も出てきた。しかし儒学を説く聖堂・昌平黌でオランダ語などの蟹行字（横文字）を学ぶのは、もっての外との議論が起こり、横文字外国語の閲覧や翻訳は禁止された。

そのような最中、安政四年（一八五七）にアメリカの使節から、湯島聖堂の参詣と昌平黌視察の話が持ち上がる。[22] それに対して猛然と反対し拒絶したのも鹿門であった。

西洋の学問は聖堂で説く儒学の教えに相反する、オランダ人といえどもかつてそのような許しは下っていない、使節の視察を許せば昌平黌に学ぶ学生も減少するだろうと、反対の理由も延々と述べている。林大学頭と幕府老中に対して、書生寮役職七名の連名で外国人の視察差し止めの嘆願書を提出した。署名の冒頭には書生寮舎長の松本謙三郎（奎堂）、そして末尾には控えめに岡啓輔（鹿門）の名前が記される。この名前の序列からも、嘆願書は岡鹿門が起草したことは間違いないだろう。

松林飯山が昌平黌に学んだ安政三年（一八五六）から同六年の時期は、黒船の来港に端を発して名だたる論客知識人が処刑され、寮内では攘夷論が盛んに議論されるという、激動多感な時期であった。

飯山に心酔する書生

書生寮の中には松林飯山に心酔する人物もいた。金沢藩から入門していた野口斧吉という人物である。犀陽《さいよう》と号したので、ここでは野口犀陽《さいよう》の名前を用いていく。

書生寮姓名簿によると野口犀陽は、安政五年（一八五八）に二十九歳で昌平黌に入門、し、翌六年には詩文掛となり、同七年に退寮している。飯山同様に詩文掛を務めているから、優秀な人物であったのだろう。飯山とは安政五・六年と昌平黌書生寮で共に学んだ。飯山より九歳、歳上であった。

その著作は犀陽の没後、明治三十四年に息子の野口遵によって、『犀陽遺文』として発刊されるが、その中に「送松林伯敬序」という飯山を想う一文がある。そこには飯山の故郷・大村、そして飯山への篤い思いが綴られている。漢文を意訳すると次のような内容である（『犀陽遺文』十～十一丁）。

私が故郷の金沢に在る時、瓊浦（長崎）から帰ってきた者がいた。その者が私と父に語った事は、大村の地を経て長崎に向かったが、大村という所は物資も豊かで士民は喜色に満ちている。海に面した要衝の地であり、各所に砲台を築いて厳重に守備している。諸藩と比べれば小藩であるが、政治に心を尽くしている藩侯の賢明さ故である。私は父の傍らでこの語りを書き取った。

数年後、江戸に出て昌平黌に入った。するとそこに大村の才子がいることを聞いたが、それが誰であるかは知らなかった。ある日の夕暮れ、雨が降りしきり、一人、机に寄りかかって仮眠をとっていると、東隣から高談する声が聞こえてきた。その声は玉の鳴るように美しく、議論風発し秘かに驚いたが、書生寮の先輩であった。燈明をつけて壁の間から窺うと、その人物は二十歳ばかり、眉目は清秀で瀟洒《しょうしゃ》な青年であった。扇子を持ち柱に寄りかかっている。大変驚いた。

側の者に訪ねると、大村の松林伯敬（飯山）という人物、幼い頃から神童と聞く、藩侯の特命によってこの地に学び、今、何年になるだろうか、昌平黌の諸子の中でも飯山の才能に及ぶ者は少ないという。

私はここで初めてその才子が松林飯山であると知った。神童、秀才と雖《いえど》も、たまたまそう言われのではない、藩侯が賢明だからである。能力によって抜擢したからである。以前、長崎帰りの者から聞いたことは、信用に足るものであった。

こういうことがあるのだろうか。学寮に入ると、そこには松林飯山という大村の人物がおり、金沢で聞いていた大村の話が目の当たりに見えてきたのである。

犀陽は飯山を玉の鳴るような声、清秀な眉目、瀟洒な青年と描写しているが、飯山の風貌を偲ぶ大きな手がかりとなる。この文章から犀陽の飯山への心酔は並々ならぬものであった。

『犀陽遺文』の末尾には、飯山の住む大村の地を訪ねたことを記す。あまりの嬉しさに飯山と手を取り合いながら昌平黌の頃の話にはずんだ。また大村の高台から田畑を眺め海岸を巡ると、農政と軍備は以前に聞いていた以上に進んでいる、これは飯山のなせる業であろうと、大村の印象を記している。

同じ肥前国から昌平黌に入学した者として、原彌太左衛門という人物がいる。大村藩から山を越えた鹿島藩の武士であり、松林飯山より一年後の安政四年（一八五七）に入門している。忠順、応侯とも名乗ったが、ここでは原応侯の名前を用いる。

久布白兼武の『原應侯』によると、昌平黌時代の応侯の最も親しい友人は、先に述べた松本奎堂、そして松林飯山、長州の高杉晋作、前述の野口犀陽などであったという。[23]飯山はこの応侯に対して「有悔堂記」という一文を認めた。[24]江戸での安積艮斎塾以来、もう四・五年の付き合いだと書き始め、応侯が遠い艮斎塾に暑い日も雨の日も、欠かすことなく勉学に通った事、その才覚によって鹿島藩の幼君・鍋島熊次郎（直彬）の顧問役を務めた事など、親しみをもった文章を記す。

飯山と応侯、共に安政六年（一八五九）に昌平黌を退寮して国元に帰るが、その後も親交が続く。この点は改めて後述する。

原応侯が仕えた鹿島藩主の鍋島直彬は、六歳で家督を継いだ鹿島藩最後の藩主であった。岡鹿門の『在臆話記』にも記され、鍋島直彬（熊次郎）は学問を好み、少年の頃から薩摩藩の儒学者である重野成齋の塾に通っていた。その頃から熊次郎の名声は高く、江戸の老学者も顔色を失うほどであった。ある時、同門との間で夜を徹しての議論となり、熊次郎は遂に自分を年少者と蔑視しているのかと激怒、双方、顔色が変わるほどに言葉激しく言い争ったと、その様子を伝えている[25]。

この鍋島直彬は晩年に『夢物語』[26]を著すが、その冒頭には松本奎堂、松林飯山への篤い思いを綴っている。意訳してみよう。

文久元年（一八六一）、江戸より帰藩の途中、桑名に投宿の際には勤王の士、松本謙三郎（奎堂）を宿に呼び寄せ、大いに時事を談じた。この松本と肥前大村の松林駒二（マヽ）郎（飯山）は、昌平黌に在学の時から俊秀をもって注目されていた。学殖・文章は衆に擢《ぬきん》でるばかりではなく、松林は頗る重厚な性質であるが、松本は意気激昂、共に尊皇の説を唱え、松本、松林の両氏に文章の評を願い、意気投合した。

鹿島藩の藩主は家臣の原応侯を通じて、松林飯山をよく知っていたのであろう。絶大な信頼である。飯山は大村に帰郷後、直彬侯や応侯に会うために度々、鹿島へ赴いている。

昌平黌で飯山と親交深かった松本奎堂、岡鹿門、野口犀陽、原応侯の四人は、書生寮退寮後も親交は続き、奎堂と鹿門とは共に大坂で塾を開き、その鹿門、そして野口犀陽は飯山の住む大村の地を訪ねていた。また原応侯との縁は距離的にも近く、鹿島藩士が飯山を慕って大村藩の藩校に入学するほどであった。[27]

日光への旅

愛媛県の今治市河野美術館には、松林飯山の日光への紀行文が所蔵されている。[28] 紀行文は一七五五文字の漢文で記され、用紙には「学問所」と刻された四枚の罫紙が使われている。現在、四枚の罫紙は一つの軸に貼り込まれた軸装の形態である。学問所銘の罫紙を使っていることから、昌平坂学問所（昌平黌）に在学中の日光への旅であった。事実、本文中に江戸に住んで六年目と記し、また旅の年を「丁巳夏」とも記しているので、この干支から安政四年（一八五七）のことである。飯山の学問所（昌平黌）への入寮は安政三年であるから、入寮二年目、飯山十九歳での日光への旅であった。

同紀行文は『飯山文存』また『飯山文集』にも「攀晃日乗」の題で収録されている。

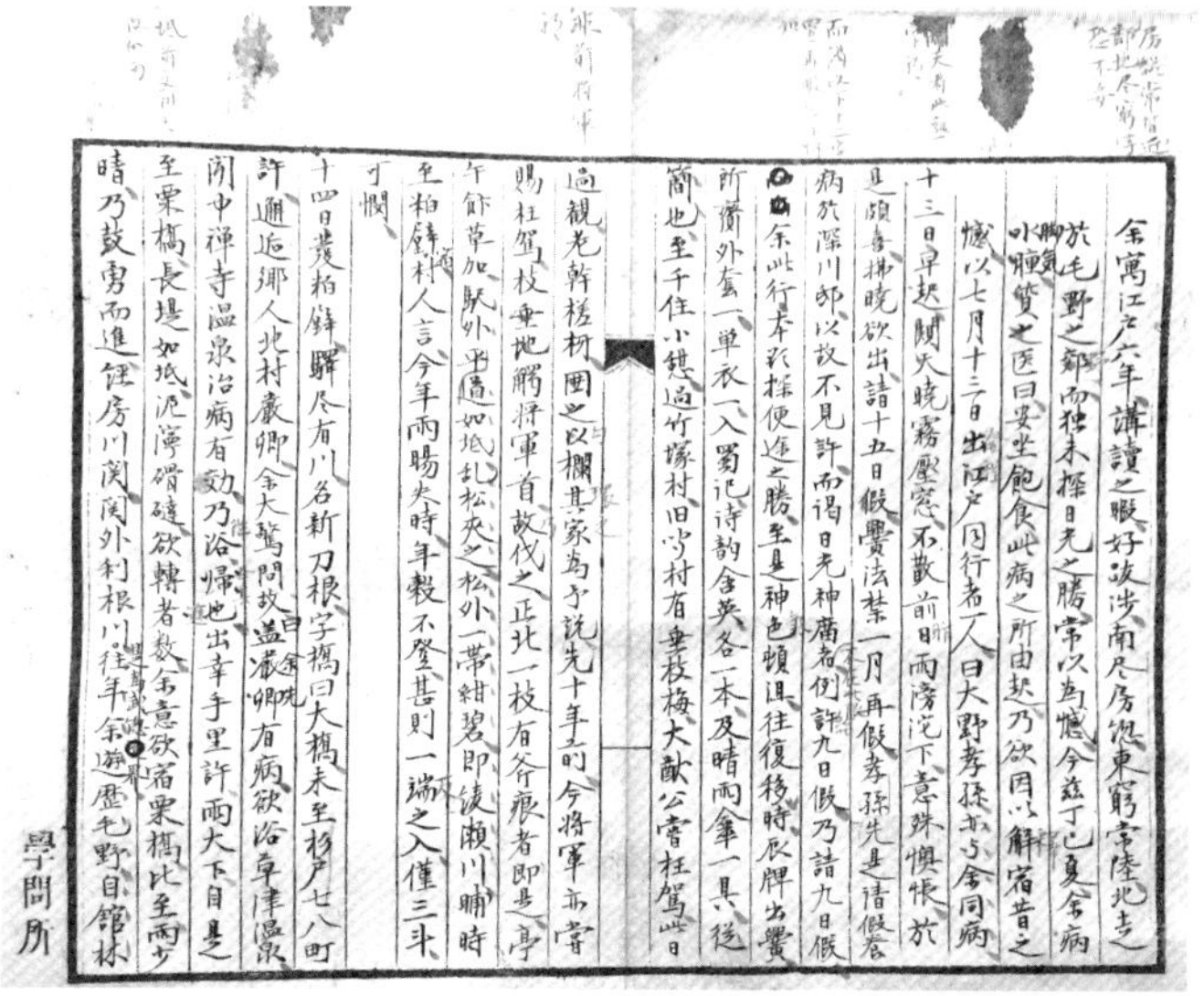
余寓江戸六年講讀之暇好跋涉南尽房總東窮常陸北走
於毛野之鄙而独未探日光之勝常以為憾今茲丁巳夏余病
水腫質之医曰要坐飽食此病之所由起乃欲因以解宿昔之
憾以七月十三日出江戸同行者一人曰大野孝孫亦与余同病
十三日早起開天暁霧壓窓不歡前日雨滂沱下意殊悵悵於
是頗身拂暁欲出請十五日假黌法禁一月再假孝孫先是請假春
病於深川郎以故不見許而謁日光神廟者例許九日假乃請九日假
余此行本於探便進之勝至是神色頓慍往復移時辰牌出黌
所齎外套一単衣一入蜀記詩韵各一本及晴雨傘一具従
簡也至千住小憩過竹塚村田㟢村有臥龍梅大猷公嘗枉駕此日
過觀老幹槎枒囲之以欄其家為予説先十年前今将軍亦嘗
賜枉駕杖乗地觸將軍首故伐之正北一枝有斧痕者即是亭
午飯草加駅外平遠如砥孔松夾之松外一帯紺碧即綾瀬川晡時
至粕壁村人言今年雨暘失時年穀不登甚則一端之入僅三斗
可憫
十四日發粕壁驛尽有川名新刀根字橋曰大橋未至杉戸七八町
許遇近郷人北村慶卿余大驚問故蓋慶卿有病欲浴草津温泉
聞中禅寺温泉治病有効乃浴帰地出幸手里許雨大下自是
至栗橋長堤如砥泥濘滑𨂻欲轉者数余意欲宿栗橋比至雨少
晴乃鼓勇而進經房川関関外利根川往年余遊歴毛野自舘林
學問所

松林飯山の日光紀行文（今治市河野美術館所蔵）

実は飯山がこの紀行文を脱稿後に、昌平黌での学友である松本奎堂が原文に朱筆を入れ、用語の訂正が若干行われた。先の飯山文存・文集には、この松本奎堂により改訂された分を収めている。本稿では朱筆が入る前の河野美術館所蔵の紀行文原文によって、日光・江戸往復の足跡をたどってみたい。

飯山は冒頭の前文に、この旅を思い立った経緯を以下のように記している。

江戸滞在六年、その間には各地を訪れ、南は房総、東は常陸、北は上野・下野と巡ったが、ただ一ヵ所、日光の景勝を探索したことがなく心残りだと、これが日光への旅を思い立った動機であった。

その当時の飯山は脚気《かっけ》を患っており、その原因を「安座飽食」と記す。脚気は当時「江戸患《わずら》い」、あるいは「大坂腫《ば》れ」といわれ、国許を離れ江戸・大坂詰めになった武士達が不思議にこの病にかかった。国許では玄米を食べていたのが、江戸・大坂に出ると白米を食するようになる。それが原因であった。玄米に含まれているビタミンB1の不足によるものだった。白米食からくる一つの贅沢病である。飯山はそのことを知って「安座飽食」と記したのであろう。その脚気を癒やすことも、この旅の目的であった。

この旅は一人道中ではなかった。大野孝孫という人物が同行していた。昌平黌『書生寮姓名簿』によると、飯山が昌平黌に入門した安政三年（一八五六）に、同じく大野又七郎という人物が入寮している。この人が大野孝孫である。『書生寮姓名簿』には安政三小笠原佐渡守の家臣とあり、すなわち肥前唐津藩の藩士であった。昌平黌には安政三年から同七年（一八六〇）まで在籍するが、その間に二度も退寮している。四書五経の指導を担当する経義掛を勤めるほどの秀才であった。飯山はこの同行者の大野孝孫も自分と同じ病、すなわち脚気だと記す。

大野は幕末の騒乱にも加わり、幕府方として榎本武揚、土方歳三と共に五稜郭に立て籠もった。その戦闘を記した『函館戦記』を著し、千葉・長野・青森県の要職を勤め、明治四十四年（一九一一）に七十六歳で没している。明治以降は大野右仲と名乗った。

大野孝孫は肥前唐津藩、松林飯山は肥前大村藩という同国のよしみで、二人は親しくなったのであろう。

旅のために十五日間の休暇願を書生寮に提出するが、前掲のように寮からの外出は一ヵ月に十日とする規則があった。加えて同行の大野孝孫がこの月に病気療養のためにすでに休暇をとっていたこともあって、許可されたのは九日間の休暇であった。

紀行文は安政四年（一八五七）七月十三日から始まる。この年は閏五月が入る十三ヵ月、すなわち閏年であった。七月十三日は太陽暦では九月三日に当たり、秋の気配を感じる頃、江戸を出発し日光へと向かうのである。

以下、紀行文を意訳してその旅程をたどって行く。

七月十三日、早起きして天をうかがうと、霧が窓を圧するほどであるが、雨は降っていない。昨日は大雨で悩み恨んだが、天候の好転を喜び暁に出発することとした。昌平黌には十五日間の休暇を申請した。学則によって一月に再度の休暇願いは許されず、同行の大野孝孫が深川邸での病気療養の休みをとっていたので、十五日の休みは取れなかった。日光廟への参詣は九日間を通例としたので、これにより途中の景勝地を探索し本願を遂げようと思う。所々には神気がとどまり、時には行く手をはばむだろう。そのような道を往復し時は経っていく。

辰の刻（午前八時）昌平黌を出立する。携行品は外套・単の着物各一着、中国南宋の陸游が記した揚子江船旅紀行文の『入蜀記』、漢詩文の辞書『詩韻含英』、そして晴雨兼用の傘であった。

江戸郊外の千住で小憩をとり、竹塚村を過ぎた所に枝垂れ梅があった。三代将軍の徳川家光公もわざわざここに立ち寄り、老木の幹から枝が突き出ているのを見て、やがてこの枝は欄《てすり》のように老木を取り囲むだろうと予言したという。去る十年ほど前、現将軍の徳川家定公もここを訪れ、枝垂れの枝が地面に触れているのを見て、真北の一枝を伐採した。今、斧の痕があるのはその時のものである。

草加《そうか》で昼食を取る。駅の外では平らな道が中洲のように続き、乱れた松が道を夾み、一帯は松の木などで紺碧色をなしている。綾瀬川に着いたのは日暮れ時、この日は粕《かす》壁《かべ》宿に宿をとった。この村で聞こえてきたのは、水不足による米の不作である。一反に僅か三斗程の収量だったという。

七月十四日、粕壁を出立、未の刻（午後二時）、杉戸の宿に着く。当宿は七・八町の家並みが続くが、ここで思いもかけず地元の北村厳卿という人物に再会した。大いに驚き、聞けば病療養のために、草津温泉と中禅寺温泉に湯治の帰り道だという。

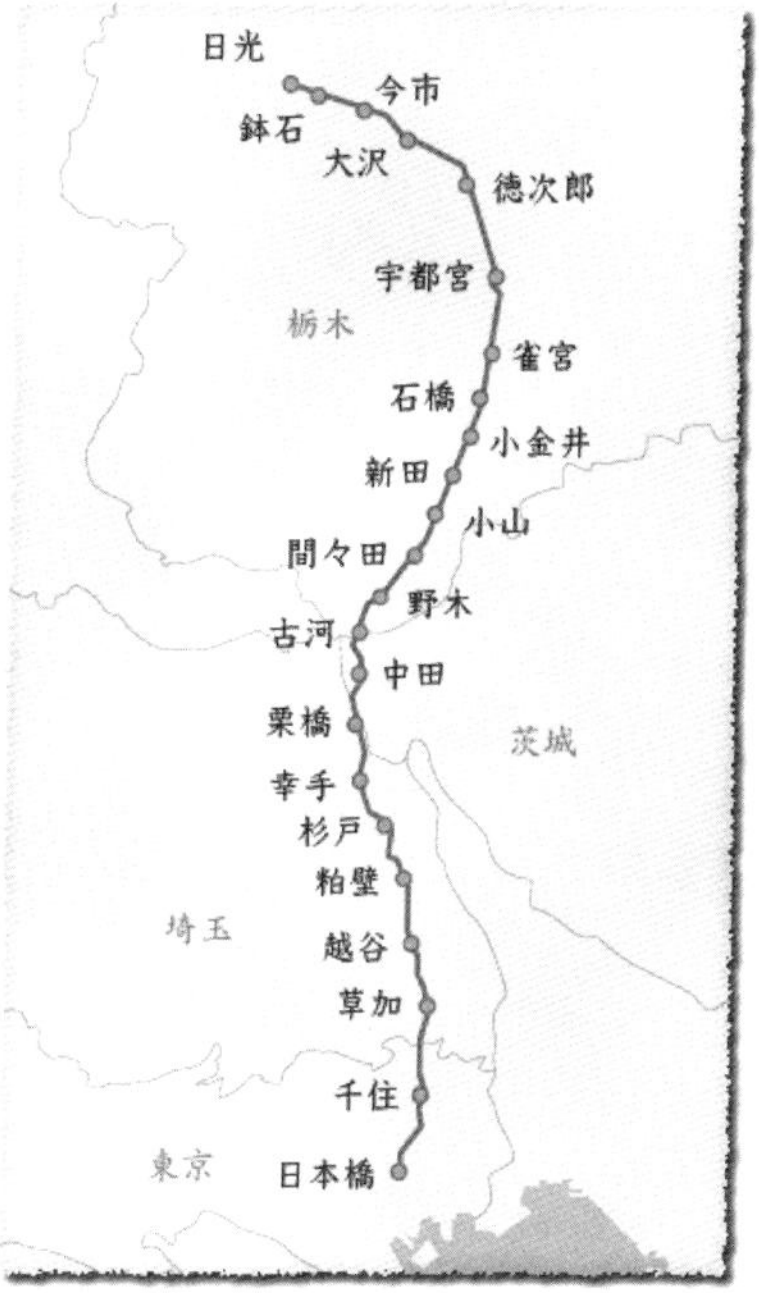

日光街道宿場図と飯山の旅程

幸手《さって》の宿を出たあたりから大雨となった。次の宿場の栗橋に入ると、大雨により長い土手は中洲のように冠水し濁流となって流れている。この栗橋宿に泊まろうと思ったが、雨は上がり晴れてきたので、さらに進み房川関を経て利根川に至った。この辺りは舘林から江戸に戻る際に以前通ったことがある。これから北への道は初めてである。

中田宿で昼飯をとり、古河《こが》宿に着いたのは未刻（午後二時）、途中、永平寺末寺の鮭延寺や円覚寺末寺の松月院（御所塚）を尋ねたかったが、回り道となるので断念した。雨はまた大降りとなり、間々田の宿にたどり着いたのは、日もとっぷりと暮れていた。

七月十五日辰の刻（午前八時）、間々田宿を出立、小山《おやま》宿を通ると白壁の家が櫛の目のように建ち並んでいる。かつて徳川家康は会津征伐のためにこの小山の地に入るが、その翌日、石田三成が家康打倒の兵を挙げる。思わぬ事態に評定の結果、兵をとって返し関ヶ原の合戦へと向かう。いわゆる小山評定が行われた所である。

また朝成城址があり、今は廃城となって田圃になっていると村人から聞く。行って見たかったが、回り道になるために果たせなかった。この城が陥落したのは七月七日であったために、地元では七夕節を今でも行うことはない。

同様の故事として里見氏の例がある。同氏が下総の鴻臺《こうのだい》に北條氏の攻撃を受けて陥落したのが九月九日であった。里見氏の地でも九月九日の重陽の節句を行わない。

石橋宿に昼飯をとる。雀宮宿に入ると細雨と霧によって衣類は濡れてしまい、宿場を出た所で小憩をとった。すると林の中に小さな祠があって雀宮という。宿場名はこの社の名前にちなんだものであった。晩になって宇都宮宿に到着した。

この宿では道が二手に分かれ、右側が奥羽である。交通の要所であるために、物資が四方から集まり賑やかで、黒瓦の家々が鱗のように連なり華麗な宿場である。ここは戸田侯が治める地であるが、二つの藩の境が交わった所でもある。間々田、小山は宇都宮藩、小金井は佐倉藩、石橋は公領、その外の小村は関宿及び壬生に属している。

七月十六日明け方、宇都宮を出発。日光山は高く厳めしい山であり、高位の者が被る冕《かんむり》のような形をしている。その地は漸く近づいてきた。徳次郎駅を過ぎて北一里強の所に金山がある。六年前から金を掘り始めて、鉱夫は百人程を数えるが、役人によって管理された公儀金山となっている。

この日は秋の日差しが焼けるように暑く、流れる汗は着物を通す程である。未刻（午後二時）、大沢宿まで半里弱の所に至った。老杉の木立が道の中央に整然と並び、木々の高さは十丈（約三十メートル）程に達する。右衛門大夫と称されている。松平正綱の献じたもので、それを伝える大きな石碑も立っている。これより北側は日光神田であり、一年中、官吏によって杉並木は管理され、倒木などが生じると直ぐに補植される。大沢宿で昼飯をとる。両足が麻痺してきたので、ここから駅馬を雇い一里強を行く。駅馬を捨てまた歩くこととする。

今市宿を過ぎた辺りから老杉が益々茂ってきた。鉢石宿に至るまで数町、この辺りは山々の峰が連なり、屏風のようにそびえる山や、剣や鉾のように尖っている山が一箇所に寄り集まっている。その山に雲がたなびき、やがて雨となる中、鉢石宿に達した。夜は蚊もおらず清く淑《しと》やかである。

七月十七日、早起きし手や髪を洗う。案内人を雇い日光山を拝謁する。山の下は大きな谷川をなし華厳滝となって流れ下っている。水の勢いは石の間に乱れ、飛沫は霧の如く、またひゅうひゅうと音を立てている。二つの橋が架かっていて、一つは朱の漆塗りで御橋と呼ばれている。日光の本宮に拝謁するとその側に紫雲石があった。昔からの言い伝えによると、紫雲生石が有り、僧勝道が雲の往く所を尋ねると、路を得て遂に中禅寺を創建するに至った。時に神護景雲元年のことである。いわゆる開山堂は勝道を葬る処である。

滝の下手の祠に到ると、その門の扁額には女體中宮と記され、僧空海の書と伝わる。

行者堂より石段を十段、更に数百段下ると東照公の廟に達する。第一の門は仁王門であり、門内の水盤は佐賀鍋島侯からの献上である。門外の大きな石の鳥居は福岡黒田侯の献上、石囲い一丈二尺（約三、六メートル）、高さ三丈二尺（九、七メートル）の五重塔は若狭小浜の酒井侯の建立によるものである。

第二の門の陽明門は扁額には東照大権現と記され、後水尾天皇の宸翰である。第三門は唐門という。その材に唐山の樹木を用いているため、このように名付けられた。東照公廟の建物は実に大きく傑作であり麗しく、記すこともできない程であり、ここでは敢えて記さず略することとする。念願の日光東照宮の参拝を終えた。

鉢石宿で田口氏を訪ねた。大村藩人の稲田某は田口氏と旧知の間柄であり、午年（弘化三年）に同氏を訪ねたという。中禅寺はここより三里の路を距たり、頗る秘めやかな地とも聞く。よってそこへ行く気はくじけてしまった。

しかし田口氏の導きによって出発し大日堂に到った。ここは日光十景の一つで芭蕉翁の句碑もあった。ここを過ぎて馬を返して進むと、白沙蒼石の間、水の音は谷にこだましている。大きな石が壁となり百丈（三百メートル）もそそり立ち、屏風岩と言う。橋が二つ架かり、双方とも竹を編んで橋としている。少し進むと急峻な坂が険しく立ちはだかり、甚だ疲れ果て気欲も途絶えそうであった。険しい山道に差し掛かったが平地の道をとり、歩くこと十余町、一つの大きな湖に到った。湖面には諸山が列をなして集まり、雲が山を覆い左右に帯のように映えている。その景色は現れたり消えたりする。見事である。

中禅寺は湖の畔にあり、僧勝道が創建の顛末を記した石碑がある。戻って華厳滝《けごんのたき》に到ると、滝の音は大きく数百歩の距離まで聞こえ、しぶきが霞となって間近まで迫り、滝の位置さえ分からなくなるが、瀑音ははっきりと届いてくる。さながら暴れまわる馬のようだ。崖を下るべきか、止めるべきか。決心できなかったのは悔やまれるが、時だけが経ってしまった。思うに山霊を蒙る事を欲して、再びこの地に遊ぶこととなった。

日暮れとなり急ぎ帰路を求め馬返しに到ると、日はとっぷりと暮れ、天候は嵐となり人さえ打ち倒す程である。着物さえ濡れてしまった。田口氏が迎えに来てくれて、同氏の家へ帰り着いた。

七月十八日、田口家を辞して今市に到る。漸く足の指が地に着いてきた。路を列弊使道に取り、二里行くと杉橋に到り昼食。鹿沼を過ぎ聞くところによると、驛長の鈴木氏は、蒲生君平先生の『山陵志』外の九志（歴史書）の原稿を家蔵しているという。同氏を訪ねたかったが、果たせなかった。この夜は楡木《にれき》に宿をとった。

七月十九日　楡木を出立する。道は二手に分かれ右に折れれば列弊使道、曲がりくねった道が続くと聞く。進めば壬生に到り、当地は鳥居侯の治める城下町である。飯塚驛を過ぎると一帯の様子は荒れて狭く、家々は皆、瓢箪を蓄え生活の資としている。驛の歳入率金は二百圓という。小山宿に出て街道と合流した。夜、古河《こが》に着いた。ここより江戸迄は僅かに帰路十六里の道のりである。旅はすこぶる緩やかに進み、明日は鮭延寺に立ち寄る。

七月二十日　古河を出発し、驛途中より左に折れ半里強で鮭延寺《けいえんじ》に着いた。同寺は前越州太守（鮭延越前守秀綱）の創建にして、その地に寂しく高くそびえ建っている。寺の内にある熊沢蕃山《くまざわばんざん》先生の墓に詣でる。墓石には「熊沢息游軒伯継之墓」と彫られている。側には矢部氏の墓がある。按先生（蕃山）は幕府への言説によって罪を負い、幽囚されること多年に及んだ、しかし恨まず怒らず、管弦を奏でることによって浮世の苦労を消し去った。その気高さは尊崇すべきものである。幸手に昼飯を取り、粕壁に投宿する。

七月二十一日　早起きして粕壁を立つ。この日は穏やかに晴れ、芙蓉峯（富士山）も山頂が姿を現してうっすらと雪をかぶっている。草加を出て小亭に憩うと、亭の前には午日花（藤袴）が咲いていた。日暮れ時に江戸に到達した。

憧れの日光へは七月十三日から二十一日まで、九日間の旅程であった。この旅に中国の代表的紀行文『入蜀記』と漢詩文辞書の『詩韻含英』とを携行しているのは、道中で紀行文を記すのを意図してのことだろう。折々にこの二書を用いたものと思われる。

往路は日光街道の二十一宿をたどり、三十五里（百四十キロ）を五日間の歩行であった。復路は日光から二つ目の今市宿から列弊使街道を通り、楡木・壬生を経て、日光街道の小山宿に出る順路を取り四日間を要している。

各宿場の様子を描写しているが、小山宿通過の際には、かつて徳川家康が会津征伐の途中、石田三成打倒のために急遽、この地で取って返すことを決した小山評定を記すなど、歴史に精通していた飯山の一面が窺える。

日光の一つ手前の宿場・鉢石宿では、田口という人物の厚遇を受けている。同氏と大村の稲田某とが旧知の仲であったことが取り持つ縁であった。稲田某は弘化三年(一八四六)に田口氏を訪ねたとあることから、この翌年に昌平黌に入学した大村藩士・稲田大之助ではないかと思われる。田口氏の誘いにより華厳滝を再度訪ね、その夜は同氏宅に宿泊するほどの厚遇であった。

帰路の鹿沼宿では、『山陵志』を著した蒲生君平の著述原稿が同驛長家に残ることを知り、訪ねて閲覧を望むが実現しなかった。しかしここには飯山の旺盛な知識欲の一端を見ることができよう。

江戸帰着の前日、古河宿では鮭延寺に立ち寄っている。往路にも希望しながら寄れなかった寺である。目的は同寺境内にある熊沢蕃山の墓前に詣でることであった。熊沢蕃山といえば、陽明学者・中江藤樹に学び岡山藩に仕えながらも、最終的にはその著書『大学或問』が幕政を批判したとして、古河藩に蟄居謹慎を命じられ、元禄四年(一六九二)に同地で没した。鮭延寺内の墓所に手厚く葬られた。

飯山はこの蕃山の生き方に殊の外信奉していた。実は飯山が学んだ安積艮斎は朱子学者ながら陽明学にも傾倒していた。その影響を受けたのであろう、陽明学の師と仰ぐ熊沢蕃山の墓に詣でたのである。知行合一を説く陽明学は、幕末に高く評価され藤田東湖や吉田松陰に深く影響を及ぼした。松林飯山もその一人であったのである。
飯山はこの紀行文中に、その場にふさわしい熟語をよく使い分けている。

例えば宇都宮宿を「輻輳《ふくそう》」の地、すなわち物資が四方から集まる地、また「犬牙相《けんがあい》錯《さく》」と、二つの国の境が互いに入り交じる地域と記す。日光間近の山々が一箇所に寄り集まった様子を「攅蹙《さんしゅく》」と表現する。日光華厳滝を目の前にして、流れ落ちる滝の爆音を「砰訇《ほうこう》」と言い、それは数百歩先まで聞こえた。古河藩に幽閉された熊沢蕃山の心のよりどころは「絲竹《しちく》」であったという。絲は弦楽器、竹は管楽器、したがって管弦を奏でることである。

ここに示した輻輳、犬牙相錯、攅蹙、砰訇、絲竹などの言葉は、今ほとんど使われることもない。飯山がこの日光紀行を著したのは十九歳であった。この年齢にして語彙の豊かさに改めて驚く。

第四章

国元への帰藩と畿内への遊学

——雙松岡の開塾

国元への帰藩

嘉永五年（一八五二）、松林飯山は十四歳にして江戸に登り、江戸での遊学は安政六年（一八五九）にまで及んだ。七年間の在府、飯山は二十一歳になっていた。しかし遂に郷里の大村へ帰る日がきた。『飯山文存』によると、安政六年の三月に帰郷している。

大村藩の公的日記である『九葉実禄』には、早速、その年の五月一日に松林飯山の名前が登場する。[29] この日、大村城の書院において馬廻りへ取り立てられ、また六十石の蔵米の支給を受けた。飯山は正式に六十石取りの大村藩士となったのである。役目の馬廻りは、本来、馬上の藩主の廻りを守護する役目を意味し、藩主の側近くに仕える重要な役職である。また蔵米六十石も大村藩では決して低い俸禄ではない。ではどのくらいの暮らしぶりができたのだろうか。

後に松林飯山の暗殺に関わったとして逮捕・処刑された人物に、長井兵庫という藩士がいる。大村藩の剣術指南役を勤め、石高は五十石五斗六升であった。飯山より十石ほど低い俸禄である。本人は飯山暗殺の首謀者として処刑され、その家族は蛎浦（現・崎戸島）に島流しとなる。その長井兵庫の息子である長井岩雄が、遠島になる前の長井家の暮らしぶりを書き残している。[30] 屋敷には中下級の藩士が掃除のために常に交替で詰めており、会計係、若党・下男・下女など総計三十名くらいが仕えていたという。約五十石取りの長井兵庫家の暮らしぶりの一端がうかがえる。兵庫が剣術指南役という、いわゆる武官の頭梁であったために、このような大勢の使用人がいたのであろう。加えて家禄五十石の内、三十五石分は城下の池田と西彼内海の下岳村に知行地をもっていた。残り十五石は、飯山と同じく蔵米からの支給である。三十五石分の知行地（田圃）を持つことは、米収穫時期以外の他の作物もあり、米以外の実入りがあった。

この点、蔵米から決まって六十石の支給を受ける飯山の場合とは、俸禄を受ける仕組みがやや異なる。しかし約五十石取りの長井家の暮らしぶりを通して、六十石取りの松林飯山家の暮らしがおおよそ想像できるだろう。

江戸から帰ったばかりの二十一歳の青年を、六十石取りの馬廻り役として取り立てたのは破格の待遇である。それほど藩は松林飯山に期待するものが大きかったのである。

加えて五月一日の同日に飯山は、藩校五教館の祭酒に任じられた。当時の藩校では孔子を祀る釈菜《せきさい》の儀式が行われているが、その際に酒などを供え儀式を司るのは藩校の最高位の者であった。それが祭酒である。今で言う藩校の校長にあたる。

ところが五月十日の『九葉實録』記事によると、飯山は藩命を受けたにもかかわらず、九日後には祭酒を辞退したい旨を申し出る。[31] 聞き入れられ改めて五教館学頭に任じられた。この時の事情を飯山と親交深かった朝長熊平は、松林飯山墓誌に「先生謂う教授の任重し、少年浅資の勝る所に非ずと、懇ろに辞す」と記している。すなわち、二十一歳の飯山にはあまりに任務が重すぎ、まだその任務に相応しい資質を備えていないと判断したからであった。

当時の五教館の体制については、松井保男氏の『大村藩校五教館小史』[32] に詳しいが、先ず祭酒一人、学頭二人、学生の監督役の監察四人、教授、助教、その補佐役の訓導一人、習字師二人と、飯山が役目についた文館では約十二名の指導員教官がいた。武芸を教える武館の治振軒は十名の教授体制であった。

飯山が学頭となった二年後の文久元年（一八六一）八月での文館の体制は、『長崎県教育史』[33] によると次のとおりである。

祭酒・片山龍三郎

学頭・松林駒次郎　大村翁助

監察・加藤勇　山口善左衛門　中尾俊輔　緒方久蔵　福田共左衛門　宮原啓蔵

この時点でも、飯山は二人体制の学頭の一役を担っていた。監察の筆頭に見える加藤勇は加藤小一郎ともいい、表(4)にも示したように嘉永二年（一八四九）から二年間、昌平黌に学んだ人物である。

ここで気にかかるのは、飯山が五教館の学頭にあったとする文久元年は、後述するが本人は前年から京都・大坂に遊学中であり、大村の地には不在であった。不在ながらも学頭の立場はそのままで京阪に遊学したと解釈すべきだろうか。

『新撰士系録』の松林家系図によると、藩士となった安政六年（一八五九）には、藩より許されて両親と妹・弟を家人として松林家を起こし、屋敷を上小路に賜った。その当時の松林家は、父親の杏哲、母親の松子、弟の周道と常作、妹二人と七人家族であった。

その屋敷は『郷村記』によると、[34]上小路の最上部で長崎街道と交わる所である。畠を含んだ屋敷面積は一反三畝というから三百九十坪ほどであった。飯山が移る以前の住人は田中荘三郎と記される。松林家の敷地跡は当時のままに残り、屋敷を取り巻く矢竹の生け垣が往時を伝えている。

安政六年（一八五九）三月に帰郷した飯山は、万延元年（一八六〇）八月から再び郷里

松林飯山屋敷跡、手前記念碑の所が暗殺場所（上小路）

を離れ、大坂・京都に遊学する。帰郷後、程なくして遊学した理由は何だったのか。先に朝長熊平が松林飯山墓誌で、責務は大きすぎて自分にはまだその資質がないとして、飯山が五教館祭酒を辞退したと記していた。それに続けて熊平は「因りて更に京阪間に遊ぶこと三季」とも記している。文意の続きからすると、五教館祭酒を務め得るほどの資質を備えるために、京都・大坂への遊学を決めたと解釈される。

　ここには飯山の旺盛な向学心を見て取ることができよう。

京都・大坂への遊学

前述のように安政六年（一八五九）に帰郷した飯山は、翌万延元年（一八六〇）八月には再び郷里を離れ、京都・大坂に遊学することとなった。飯山の系図中には、帰郷一年にして再びの遊学は格別のことであったと、また遊学費用は「年々方金を賜る」とも記される。方金とは一分金、一朱金などの方形の金貨のことであり、すなわち藩費の支給を受けての遊学であった。

京阪での行動は、昌平黌時代からの学友であった岡鹿門の『在臆話記』に頻繁に記されており、この鹿門の記録よって飯山の京阪での行動を見ていくこととしよう。[35]

文久元年（一八六一）十月十七日、昌平黌に共に学んだ松本奎堂、岡鹿門との約三年ぶりの再会が実現する。奎堂と鹿門とが大坂を経て京都に赴き、家里松嶹の家を訪ねると、そこには何と松林飯山が居たのである。飯山は二人が京都の松嶹宅に来るのを知って、二晩も寝ずに待っていた。飯山はすでにこの前に大坂に入っており、当地に居た広瀬淡窓の子供の広瀬旭荘や、医者であり漢学者の河野鐵兜から激賞されていた。

京都で再会した三人は家里松嶹に連れられ、鴨川東の鰻店で酒を酌み交わし、寺町の夜市を楽しみ、その夜は松嶹宅に泊まった、さてこの家里松嶹とはどういう人物なのか。伊勢国松阪の儒学者・家里悠然の養子となり、江戸に出て斎藤拙堂に儒学を学び、京都で尊皇運動に奔走する。しかし飯山等とのこういった交友の二年後、文久三年（一八六三）には暗殺されている。文政十年（一八二七）の生まれというから、飯山より十歳も歳上であった。

翌日の十八日には嵐山の紅葉を楽しみ、昼から酌み交わすが、当の岡鹿門は腹痛を起こして寝込んでしまう。この席で松本奎堂と飯山は松嵜のために書を認めている。松嵜の評価は奎堂の書に傾倒し、飯山の書には絶倒したとあり、飯山の書にことの外感動している。江戸で知り合った飯山、奎堂、鹿門の三人の交流は、こうして再び京都・大坂でめばえていく。

二日後の十月二十日には三人揃って、京都の三条大橋で歴史的な行列を目の当たりにする。時の孝明天皇の妹、和宮が第十四代将軍の徳川家茂へ降嫁する盛大な行列であった。そこには幕末を牽引した公家の岩倉具視の姿もあった。

この夜、家里松嵜宅に泊まっていると、役人が突然やって来て三名の名前、出身地、止宿の理由など取り調べを受けた。それは一度ならず一晩に三度にも及んだ。これには浪人たちが和宮の降嫁を阻止するという噂が流れていたために、京都は厳戒態勢が敷かれていたからである。この時、三人ともまさに浮浪の体、ことに松本奎堂は刈谷藩の脱藩者であったから不審に思われても仕方なかった。

一晩に三度の取り調べには驚き、このことが京都を避けて大坂に塾を開くことを決めた大きなきっかけとなった。

飯山・奎堂・鹿門の三人は、京都と大坂で多くの文人学者と交流を重ねていくが、早い時期に巡り会ったその一人が、先にも触れた家里松嶹であった。松嶹には京都で何くれと世話になっていた。ところがその別れ際に生活に窮しているからと、三人に金銭を無心するのである。三人はこれにはさすがに驚き、鹿門は山陰への遊歴によって少し蓄えがあり五両を、奎堂と飯山はそれぞれ二・三両ずつを手渡している。

その後再会した時には、松嶹から何の御礼の言もなく、この人物とはしだいに疎遠になった。松嶹はこの後、浮浪者に暗殺されるが、岡鹿門はそれも本人が人の道としての足りなさ故と吐き捨てている。

京都での再会を果たした三名は一月の間に、和宮の降嫁を目の当たりにし、時代の大きな変革を実感する。そしていろいろと面倒を見てくれた松里松嶹とは、意外な一面を見て疎遠となっていく。このような様々な体験を重ねた三名の足は、不穏な京都から離れ大坂へと向かっていく。

安治川端の借屋と塾名の由来

十月二十六日には飯山は、大坂堂島の大村藩邸に居た。そこに鹿門と奎堂は訪ねているが、飯山はその時、風邪に罹り床に伏せっていた。にもかかわらず、飯山を誘い出して酒を酌み交わしている。その酒席では三名が同居することで話が盛り上った。血気盛んな松本奎堂が秀才は敢えて在野にあって、京都大坂の文壇に睨《にら》みをきかせ勢いを示すことが必要だと、持論をとうとうと述べている。

十一月十一日、いよいよ三名が同居する家を借りるために、大村藩邸の役人に保証人となってもらい一軒の家を借りた。『在臆話記』はその借家の場所を、大坂堂島の玉井（江）橋と田蓑橋の間にあって、家の直ぐ下を淀川が流れ、川面の光や影が家の手摺りに映えるほどの景勝の地であると、そして大村藩蔵屋敷のすぐ近くと記す。[36]

淀川沿いの堂島の家並みを記したものに、『大川便覧』[37]がある。淀川の水運利用にあたって川沿いの村名、家並み、架かる橋名、船着き場などを克明に記した手引書である。幸いに安政五年（一八五八）版の『大川便覧』がある。飯山らが堂島に家を借りた

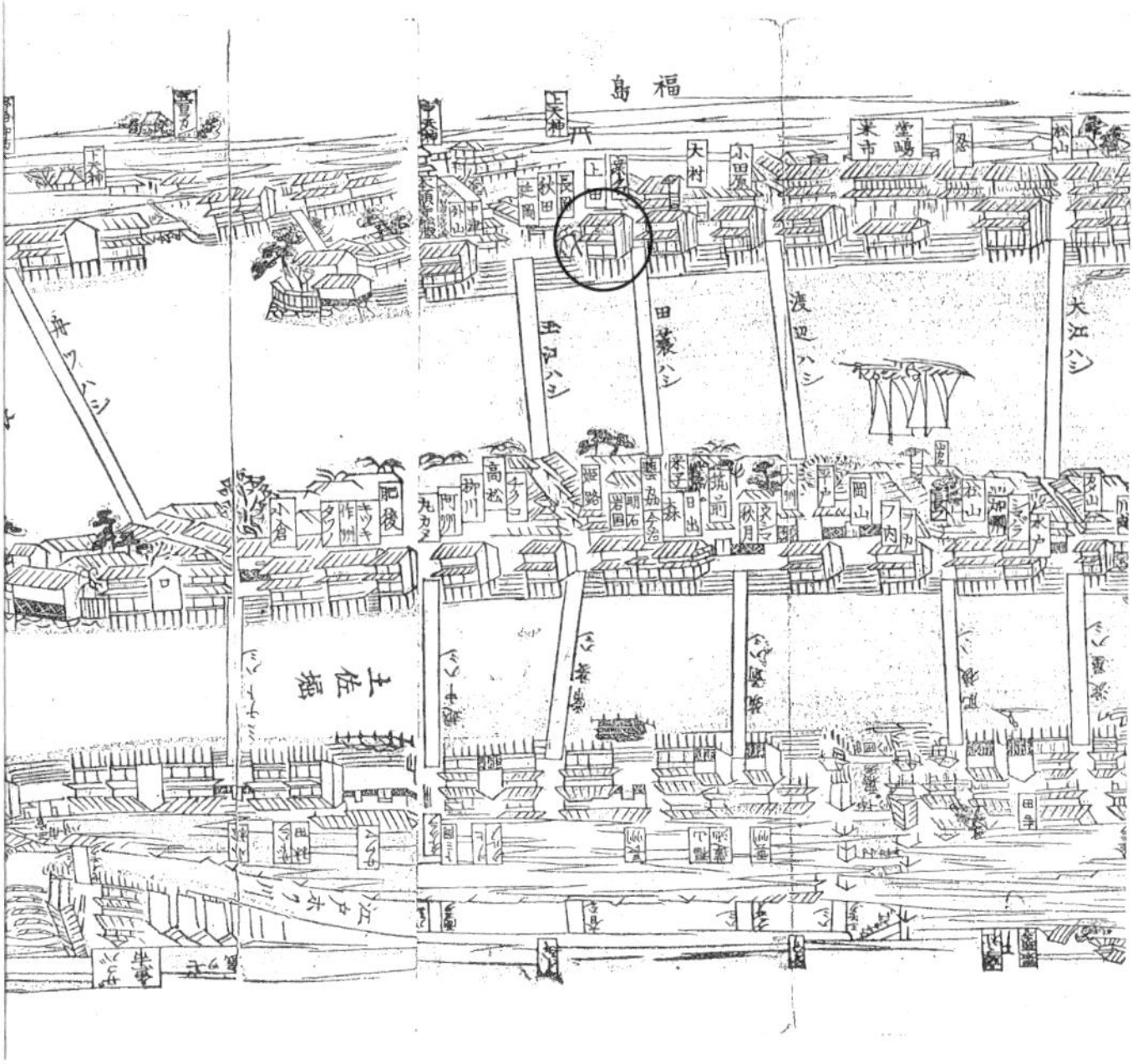

『大川便覧』に見る雙松岡の場所（○印）

文久元年（一八六一）の三年前の便覧であるから、ほぼ飯山の借家の頃を伝えていると考えてよい。ここでは淀川が安治川と記されているので、今後はその川名を用いる。

その『大川便覧』の図を上部に示したが、玉江橋を渡ると川岸に下る石段があり、その右手川沿いに一軒の家が確認できる。そこは丁度、田蓑橋をたもとであり、『在臆話記』が記す玉井（江）・田蓑両橋の間の家といえばこの家にあたる。

まさに直ぐ下を安治川が流れ、川面の光や影を居ながらにして感じる所である。更にこの家の一列奥の右手には「大村」との書込があり、大村藩蔵屋敷がここにあった。大村藩邸とも程近い場所であるから、この建物が三人同居の家として借りた家にほぼ間違いない。建物の左手には柳らしき木が枝を垂らしている。

飯山等が借りた建物の対岸に一本の樹木が描かれている。これが当時、「蛸《たこ》の松」と呼ばれた銘木と思われる。戦国時代の武将で賤ケ岳戦いの一番槍として著名な福島正則が、広島藩主に在った慶長年間（一五九六〜一六一五）に植えた松と伝わる。丁度、枝振りが蛸の足のようにくねっていたために、「蛸の松」として親しまれ堂島の名物であった。明治四十四年に枯れてしまった。

飯山等が借りた家は、この蛸の松の対岸にあったのである。三人は毎日、遠目越しにこの蛸の松を見ながら暮らしたことだろう。現在、「蛸の松」はかつて飯山らが借りた家の横に復元補植されている。

借家を定めた第一声を『在臆話記』は、「三人同居、談何ぞ容易ならん」と記し、同居により三名の懇談、意思疎通がいかに容易になったかと喜んでいる。しかし生活していく上には現実の問題があった。大都で暮らしていくには、繁雑面倒な規則があったが、大村藩邸の保証によって総てがうまく進んだ。しかし薪や水、家具など生活に必要な物を買い求め、机などを配置する頃には手は疲れてくたくたになったと、岡鹿門は悩んでいる。

堂島に借家を求めるにあたって、大村藩邸（蔵屋敷）の世話を受けていた。その世話した人物を『在臆話記』は、「大村邸人朝長姓、飯山ヨリ長ズルニ二歳、飯山ニ師事頗恭」と伝えている。この人物は朝長熊平のことと思われる。共に江戸で安積艮斎塾、また昌平黌に学んだ人物であった。『新撰士系録』の同氏の系譜でも、江戸遊学から帰藩後直ぐに京都遊学を命じられているので、この際に大坂蔵屋敷にも居たのであろう。慶応三年（一八六七）に飯山が暗殺された後、前述のように飯山の墓誌を記したのもこの朝長熊平であった。まさに飯山に師事し頗る恭順との人柄と一致する。

明石での書画会と雙松岡の由来

この頃、畿内には漢詩人として著名な河野鐵兜《こうのてっとう》という医者がいた。播州網干（姫路市網干区）の出身で、飯山等の畿内での活動が始まると何かにつけて面倒をみている。三名の同居・開塾を聞くと、ことの外喜び、堂島での開塾を万人に知らせるためにと、播州明石の地で書画会を開いてくれることとなった。それに明石で私塾を開いていた梁田葦洲も加わり、すでに百通もの招待状を出してくれていた。この書画会と塾名については『在臆話記』に詳しい[38]。

十一月十七日、会場となった梁田葦洲の豪邸には幕が張られ、毛氈が敷かれ書画・文房具が所せましと陳列された。盛況ぶりはその頃よく江戸両国の柳橋で行われていた万八楼の書画会の如しと、岡鹿門は喜んでいる。事実、遠方近在の招待者は四方より集まり、屋外には履物があふれ、屋内は客人で満ちあふれた。八万楼では大酒・大食が振る舞われたように、この書画会の座敷にも酒肴が雑然と並べられていた。世話役の河野鐵兜と梁田葦洲は座の下手に控え、来会者の求めに応じている。この会は三日間に及び、大坂という大都で塾を開くための資金が調達できた。

この明石での書画会の折に、鐵兜から堂島に開く塾名を何とするのかと尋ねられた。衆議するも名案は出ない、そこで鐵兜が出した案は「雙松岡」であった。松本奎堂・松林飯山と松が二つ並ぶので「雙松」、岡鹿門の「岡」を雙松の下に置くのは、岡君は不服かもしれぬが、岡がなければ雙松を生えないのだから我慢してくれと説得する。皆口々にこれは良いと、こうして雙松岡と決定した。

雙松岡跡碑

すぐに板を削らせ、鐵兜が雙松岡の三文字を墨書してくれた。岡鹿門はこの塾名が良かったので、大いにその名が京阪地方に宣伝されることとなったと記している。

　河野鐵兜が書いた標札は、後に岡鹿門の仙台の実家に所蔵されたが、火災により焼失した。しかし鹿門の長男・岡百世が原寸通りの模造品を造っており、その文字から起こした「雙松岡」の標柱が、昭和十八年にその跡地に建立された。大阪大学二代目総長の楠本長三郎が旧大村藩出身であったために、郷里の先学碑を大阪大学医学部校内に建てたのである。しかし平成十年には大阪大学の移転に伴って撤去・保存され、その後数度の変遷を経て、平成二十六年には大村高等学校関西同窓会によって、大阪検察庁の管理地内の跡地に雙松岡碑が再建された[39]。田蓑橋を渡るとすぐ目の前に見えてくる。

雙松岡の開塾

明石での三日間の書画会は、播磨・大坂の間で大評判となった。河野鐵兜に別れを告げて浪華に帰ってくると、いよいよ開塾に向けて鍋釜を求め家具を運び込むが、なかなか進まない。そこへ橋本香坡《こうは》、内村鱸香《ろこう》、今泉麟蔵、その外二、三人の者が尋ねて来た。橋本香坡は伊丹の明倫堂の教頭を務めた儒学者、勤王家でもあった。内村鱸香は出雲国松江の油屋の息子であったが、昌平黌にも学び当時は大坂で私塾を開いていた。今泉麟蔵は豊後大分の人、米良《めら》東嶠《とうきょう》の門人で帆足萬里《ほあしまんり》の学統に属した。いずれも名だたる文人たちが、開塾を聞き付けて早々に訪問してきたのである。[40]

こうして雙松岡は開塾する。更に『在臆話記』によって塾の構えと暮らしぶりを見ていこう。[41]

まず入口の柱に雙松岡の標札が掲げられた。二階建てで二間の部屋と台所、控口があり、軒下には石段があってそこが物置になっていた。『大川便覧』に描かれた構えと一致する。便覧に描かれたその家の基礎は、川岸から十数本の柱で支えられている。その柱の空間部分が物置になっていたのであろう。

用水はこの石段を下りて安治川の水を汲んで使った。窓の欄干は川に張り出し、向こう岸には長州藩蔵屋敷が見えた。左右には田蓑・大江の二橋が横たわり、眺望が極めてよい。欄干から土瓶を釣って中流を汲み、煎茶に用いた。まことに風流である。

奎堂・鹿門・飯山、それに大村藩士の朝長熊平が加わって、いよいよ雙松岡での生活が始まった。塾には使用人がいる訳でもなく、炊事は四人が回り持ちで担当した。最初は最年長の奎堂がそれではと、十二月の霜が降り冷たい風の中、手桶を提げて石段を下り、江流で米を洗い飯を炊いた。これまで誰もこんな経験はなかったから、飯も汁もうまく作れる筈もなく、日々三度の食事毎に御膳に箸を投ずる始末であった。鹿門、飯山も炊事にはほとほと閉口している。

困り果てている矢先、高野山高室院の小僧で智賢という少年が入塾を望んできた。農家の忌日に誦経に廻って得た布施で、河野鐵兜の塾に学んでいるという。炊事の労を執りながら学問をしたいとの希望であり、これは何よりだと、学僕として塾にいれることとした。三人はようやく炊事から免れることができた。

この智賢という人物は天保十一年（一八四〇）の生まれというから、飯山の一歳下であった。本来紀州藩士の出身である。後に山東一郎と名乗る。明治以降は神奈川県参事や蝦夷地の開発に従事した後、東京早稲田の大隈重信邸を買い求め、そこで洋学校を開いて名声を上げている。

後に岡鹿門はこの山東一郎の洋学校を尋ねたことがあったが、その際にはこの人物がかつての智賢で、雙松岡で学僕を務めた人物とは知らなかったのである。河野鐵兜の門下生の野口松陽から聞いて初めて知ったと、『在臆話記』に記している。雙松岡からはこういう人物も輩出したのである。

当時、大坂には「暖簾《のれん》儒者」という言葉があった。大坂は商人の町であったから、この地で儒者として生計を立てるには、商家に出向いて番頭や手代、商家の家人に学問を教えることも多かった。店の暖簾をくぐり店の者達にも愛想よくして、好感を失うまいと務めた姿から、暖簾儒者といわれのだ。雙松岡を開塾して程ない頃、三人で談笑していると、松本奎堂が突然に、自分達もこの暖簾儒者に仲間入りするかと言い出して、奎堂・鹿門・飯山、大笑いしたこともあった。三名の心底には、商家には出向かず、雙松岡が我が舞台との自負があったのであろう。

増える雙松岡への来訪者

やがて雙松岡の名は四国の讃岐まで聞こえていく。讃岐の金刀比羅宮の近くに住む日柳燕石《くさなぎえんせき》という人物が、詩を寄せて交際を求めてきた。[42] 岡鹿門はこの人物のことは、昌平黌の同僚であった丸亀の中村三蕉から聞いて知っていたと、そして「金比羅ノ劇孟」とも記している。劇孟とは中国漢代の実在の人物である。博打を好む遊侠の徒でありながら大きな勢力を持ち、母親の葬儀には千人もの会葬者があったという。

燕石も博徒であり舎弟は三千名を数え、詩集を刊行するほどの詩人でもあった。激論すればことごとく敵を負かし、酒となれば痛飲する豪傑であった。当時、文人の間でこの燕石の名を知らぬ者はいなかったという。そういう人物であったから鹿門は金比羅の劇孟と評したのである。以来、この燕石と雙松岡の三名は、お互いの詩を評し郵書で往復し交流が始まった。

雙松岡を開塾して二ヵ月を過ぎた頃には、方々よりの来訪者が増え始めた。しかし幕末の世情は乱れ争いは絶えず、集まる者達は世間を悲しみ嘆くばかりであった。重苦しく感じた岡鹿門は、京都・播磨間では名だたる学者がひしめく中で、盟友の松本奎堂には頼山陽や篠崎小竹ほどの大家に成って欲しいと願っていた。

その頃に本間精一という人物が、たびたび奎堂を尋ねて来ていた。気掛かりな鹿門は、奎堂に本間とは距離を置き、本業である門人への授業に専念するように諫めている。

十一月に開塾した雙松岡は、こうして文久元年（一八六一）の年が暮れていった。

年が明けた文久二年（一八六二）、雙松岡で初めて迎える正月である。塾の北と南に架かる玉江橋と田蓑橋の橋上は、諸藩蔵屋敷の武士達が大棚の商家へ年始に出向く行列で賑わっている。輿を担ぎ槍箱を持つ従者、「隊列を整えよ」と雷のような大声、それに歩調を整え歩く橋板の響きと騒々しかった。夜になると吹雪となった。

深夜になっても重層の船は目の前の安治川を行き来し、船上からは三味線と歌が聞こえてくる。懐の寂しい吾等と言えば、冷えた肴を火にあぶって食するばかりで、悲しい限りの元旦であった。そんな晴れた正月の一日、梅の花の香りに誘われて、三人で郊外を散歩し、途中で見つけた粗末な店で酒を酌み交わした[43]。

飯山もこうした寂しい新春を漢詩に残し、「浪華寓居奎堂鹿門同守蔵」の題で『飯山文集』に収録されている[44]。意訳すると次のような詩である。

今は渭水と揚子江のほとりと居場所は離れているが、お互いの思いは変わらず、夢は共にもち続けている。別れて後、音信は途絶えて遙かに久しい。何の科か我々の金城雙松岡は吹雪の谷底にある。共に一つの焚き火を囲み新しい年を迎えた。

詩の冒頭は「江雲《こううん》渭樹《いじゅ》」で始まるが、この文言は杜甫が「春日憶李白詩」に記す「渭樹江雲」に由来する。「一人は渭水のほとりに、もう一人は揚子江のほとりにあって、互いに思いを寄せる」という意味である。二句目には「杳然《ようぜん》」という言葉が使われているが、これも李白の「山中問答詩」に「桃花流水杳然去」として使われ、「遙かなさま」を意味する。これらの語句の使い方からも、飯山が中国の漢詩をいかに読み込んでいたかが窺われる。

さて先に紹介した飯山の新春の詩は、雙松岡を閉じて盟友二人とは離ればなれになった後に詠まれたものと思われる。音信途絶えて久しいながらも思いは一つだと述懐する。自分達にとっては金城である雙松岡は、元旦夜の吹雪の底にあって冷え込み、三名共に焚き火を囲みながら迎えた新年であった。

一月十九日頃と思われるが、早朝に本間精一が雙松岡を尋ねてきた。[45] 幕府老中の安藤信正が登城中に襲撃されたというのである。いわゆる一月十五日に起こった坂下門外の変の急報をもたらした。同老中が孝明天皇の妹の和宮を、将軍徳川家茂に降嫁させる公武合体策を進めたために、尊皇攘夷派の水戸浪士らの反感をかったのである。本間がもたらした急報は『在臆話記』は詳しく、原文のままに記すと次のような次第であった。

西丸下に於て安藤閣老、義徒の要撃に逢ひ、負傷し輿を降り城門内に遁る、以て身は免れる、本望を達せざるは遺憾也と、三人大に驚く。

急報の内容は、襲撃されたが負傷しながらも駕籠から脱出して、江戸城門内に逃れて一命を取り留めたと詳しい。また本望を遂げ得なかったのは遺憾と、襲撃の浪士に同調さえしている。更にこの事件を雙松岡に伝えたのは、事件から三・四日後のことであった。

本間精一がこのように早く江戸の情報を伝え、浪士に同調していることからも、浮浪の間には東西に伝信の方法があるのかと、鹿門は本間のことをいぶかしく思っている。実は本間精一は飯山の安積塾での同僚であり、鹿門も奎堂もそれまで知らない人物であった。しかしお互い気性が激しい奎堂と意気投合し、この頃には雙松岡に頻繁に出入りするようなっていた。見かけはいつも美服に大太刀を差し、いかにも偉丈夫な男子であった。飯山はその出で立ちから本間のことを、芝居に出てくる幡随院長兵衛のようだと冷笑している。

本間は越後国寺泊（現長岡市寺泊）の造り酒屋の息子であったが、安政の大獄の頃から勤王活動に目覚め、大獄によって逮捕され京都伏見の獄舎に投獄されている。雙松岡に現れるようになったのは、この出獄の後のことである。

坂下門の事件を知らせた数日後の夜、また本間精一が雙松岡に慌ててやって来た。[46]幕府役人の内偵が三度もあって、今夜の内に脱走しないと危ない、どこか潜伏場所はないかというのである。三人協議の末に讃岐金比羅の日柳燕石の処がよかろうということになった。前にも紹介した名だたる文人でありながら、舎弟三千人をもつ任侠博徒である。早速、連名の手紙を認めて本人に託した。しかし逃避行するには目立ちすぎ、髪も野郎髷《やろうまげ》に切り、衣服も地味な有り合わせの物に着替えさせ、夜中の内に船場の埠頭から見送った。

この年の四月に入ると、伊藤軍八という人物がひょっこりと雙松岡を尋ねてきた。[47]伊藤介夫とも言い、雙松岡の三名とは昌平黌での学友であった。昌平黌の『書生寮姓名簿』には次のように見えている。

安政五年入　文久元年詩文掛　大坂処子　伊藤軍八　午二十六

安政五年（一八五八）に入学し三年後には詩文掛を務めるほどであるから、優秀な人物であったのだろう。

本人が言うには、この度、幕府が汽船を上海に派遣して物資の交易を営むこととなった。よって高杉晋作や名倉吾何人などと何回も請求して、幕府役人の従僕として加わることができた。今、兵庫に滞在中で郷里大坂に告別のためにやって来たというのである。同門の上海派遣に三名は大いに喜んでいる。

特に松本奎堂は雙松岡の机上にあった『保建大記』を伊藤軍八に贈り、中国の識者にこの書物を示して、日本の国體を知らしめよと、豪語するのである。

雙松岡に『保建大記』があったことは注目すべきである。この書物は京都の儒者である栗山潜鋒が元禄二年（一六八九）に著しているが、平安末期から鎌倉初期（保元～建久年間）にかけて皇室が衰退し、鎌倉幕府の武家政権に代わっていく歴史を記している。

その実は徳川幕府が政治を行うことは当然と思われた時代に、本来は天皇が国を統治すべきであるという思想を秘かに説くのである。この思想が幕末の尊皇倒幕運動の基礎となり、多くの尊皇の志士たちの思想的支柱となった。

この書物が雙松岡にもあったことは、奎堂は勿論、鹿門、飯山共に『保建大記』を読み、思想的にその影響を受けていた。奎堂はこれに記す日本の国體を中国人に問うべく、伊藤軍八に託したのである。

伊藤軍八が乗り込んだ蒸気船とは千歳丸《せんざいまる》である。文久二年（一八六二）四月二十九日に長崎を出港し上海に向かった。しかし当時の清朝がとっていた海禁政策により、思ったような交易は叶わず、その年の七月十四日に長崎に帰国する。

千歳丸の乗員は、佐賀藩の納富介次郎が残した『上海雑記』[48]によると四十九名を数える。その中に医師として大村藩の尾本公同、その従者として峰源助の名前が見える。また阿蘭陀小通詞の岩瀬弥四郎に大村藩の碩太郎という人物も付き従っている。従って大村藩から三名の者がこの使節団に加わっていた。

尾本公同は尾張出身であったが、長崎への医学遊学を機に大村藩の侍医として登用され、阿蘭陀医学を修めていたために、大村藩最後の藩主・大村純熙に蘭学を手ほどきした人物であった。峰源助は天文方として江戸で学び、帰藩後は大村藩『郷村記』の編纂に従事し、村々の詳細な地形測量を『郷村記』に反映している。

飯山は伊藤軍八の上海渡航に際して、「送伊藤子固赴支那」[49]という一篇を記すほどに昵懇の間柄であったが、その渡航に郷里の尾本公同と峰源助も同船していたのである。この伊藤介夫の訪問後のことと思われるが、松林飯山が病気にかかった。「疫病」と記されるが、どんな病だったかは分からない。ただ一人では置けないほどの状態であり、鹿門と奎堂が交替で看病した。鹿門は飯山の症状を次のように記す。[50]

時々、熱にうなされて、でまかせの意味不明のことを言ったり、夜中には目を怒らせて突然起き上がったりもする。暫くすると正気に戻り、「ああ、うなされていた、賊徒に天誅を加えてやった」というのである。見ると冷や汗が滴り落ち、妄想からの恐怖に恐れおののいている様子だ。勤王の二字に熱狂するあまりにこのような症状が現れたのであろう。

鹿門は飯山の症状を具体的に記す。この岡鹿門の記録からすると、当時の飯山の勤王思想は相当に高まってはいたと考えられる。

飯山の病がまだ完全に回復しない頃であったが、先にも触れた讃岐金比羅の日柳燕石の兄弟分という人物が雙松岡を尋ねて来た。[51] 以前、三人の紹介で燕石の元へ逃れていた本間精一が、倒幕の兵を挙げるために博徒三十人を揃えてくれと言う。私どもは薩長の後ろ盾があれば、三百人でも三千人でも揃える心づもりはあるが、あなた方三名の書状では、この辺りのことがよく分からないので、兄貴分の言付けによって事情を確かめるためにやって来たというのである。

　これには三人とも呆れ返った。本間を燕石の元に送ったのは、我が身が危ないと助けを求めてきたからである。このありのままを打ち明けて一笑に付した。

　それから数日後、二月の下旬頃、夜半に雙松岡の門をけたたましく叩く者がいた。奎堂も鹿門も、まだ病気が完全に快復しない飯山も飛び起きて出てみると、本間精一が揚々たる格好で立っているではないか。

　語るところによると、讃岐から土佐に渡って武市半平太や坂本龍馬などと倒幕について謀議し、その後、萩に入って久坂玄瑞や高杉晋作を訪ねて話し合った。いよいよ薩摩も長州も倒幕にむけて遂に動いた。今後、西国の武士が続々と大坂に集結するだろう、その事を京阪の同志に報告するために昼夜兼行でやって来た。まずは雙松岡の三人に報ずるのだと、鬼の首を取ったかの勢いである。

言い終わると、急いで来たので腹が空いてたまらぬと言うから、智賢坊を起こして飯を炊かせた。腹を満たし夜が明けると昂然として去って行った。この後、本間は長州藩蔵屋敷に身を寄せている。

その後の本間は、藩に属さない行動が薩摩や土佐の武士たちの反感を買い、更に酒食に溺れて悪評も立ち、文久二年（一八六二）閏八月二十日に島原遊郭からの帰途、土佐の岡田以蔵らによって暗殺された。

岡鹿門の『在臆話記』には雙松岡への人の出入りは頻繁に登場するものの、そこでの門人の数や教授についてはほとんど記されてない。ただ僧侶であった智賢坊という入門者があって、住み込みで飯山等の世話をしていたことは前に記した。

こういう分野の記述が数少ない中に、葛岡氏が営む病院に飯山・奎堂・鹿門と輪番で出講していたことが知られる。[52] 葛岡仲英が大坂の新町で開業していた医院である。新町と言えば大坂きっての遊郭地帯であり、葛岡医院は遊郭の外にあった。現在の大阪市西区新町である。葛岡仲英は「杏林ノ大家」と記され、杏林とは医者の別称であるから医者として大成していた。

その医院には書生二三十を置き、市河米庵、貫名菘翁と共に幕末の三筆と称された巻菱湖の息子の巻椈山を招いて、書生達は書道の手ほどきを受けていた。雙松岡の三名はそこに月に六度、講義に出かけている。講義を終わると酒飯の接待があり優遇された。これは浪華風と言って、当時、大坂で私塾を構えた内村友輔（鱸香）が富裕商家へ出入りの際のもてなしが、広まり定着したのだという。

鹿門が出講した時には、『孟子』六・七枚を講義した、その後は「午餐」とあるから昼飯が用意されていた。

実は雙松岡を開いて間もなく、葛岡仲英の子供二人が雙松岡に入学していた。葛岡は吾が子を託するほどであるから、雙松岡にはことのほか信頼を寄せ、また書生の教育のためにと出講を頼んでいたのである。そこでは前述のように『孟子』などが講じられていた。

葛岡氏の息子が入門してきた頃に、雙松岡にもう一人の入門があった。対馬藩蔵屋敷の大浦某という人物が、十五・六歳の少年を連れてやってきた。対馬藩蔵屋敷は雙松岡前の田蓑橋より一本上流に架かる橋本橋のたもとにあった。雙松岡のほぼ対岸にあたり、近い距離であったために、この大浦某は時々、雙松岡を訪ねていた。やがて十五・六歳になる吾が子を入門させたのである。「通学」とあって対馬藩蔵屋敷から通っての入門であった。

後に岡鹿門はこの大浦という人物を述懐して記しているが[53]、元治元年（一八六四）に京都で起こった池田屋事件の際に、桂小五郎を新撰組の包囲網から京都の対馬藩邸に潜居させたのは、この人物であったという。対馬藩に帰藩後は、当藩内で佐幕派と勤王派とが激しい対立する中に勤王派の首領であった。しかし佐幕派が勤王派の四十名余を惨殺するが、その時に大浦家も一家斬殺されたと、鹿門は大浦氏の最期を伝えている。

この経緯からすると、この人物は大浦教之助のことと思われる。対馬藩の文武興隆をはかって藩校日新館を創設した人物でもあったが、鹿門が記すように佐幕派の勝平五八郎によって処罰された。大浦教之助の長男も京都屋敷留守役の在役中に、やはり勝平五八郎の圧力により自殺に追い込まれている。この長男が雙松岡に入門した当時十五・六歳の子供であったかは定かではない。

雙松岡の終末

文久元年（一八六二）の十一月に開塾した雙松岡は、思わぬことから終末が訪れる[54]。

岡鹿門が大坂の天神橋辺りで私塾を開いていた橋本香坡を訪ね、伊丹の銘酒若緑を飲んでいると、そこに奎堂と飯山が智賢坊に行李を背負わせて突然にやって来た。どうしたのか聞くと、実は雙松岡の家主から立ち退きをせまられ、什器も寝具も一切売り払ってしまった。いずれか遊歴先を決めねばならず、まずは香坡先生に告別のためにやって来たのだという。橋本香坡といえば、前年の十一月に雙松岡を開塾した時に早々にお祝いに駆けつけてくれた恩人である。

家主から立ち退きをせまられたのは、雙松岡が浮浪衆の梁山泊（巣窟）となってしまって、隠密が毎夜軒下で立ち聞きして偵察しているではないか。万一の事でもあったら町内が迷惑するから一時も早く出て行ってくれというのである。

このような事情で、留守中だった鹿門の文書や行李、持ち物なども一切屑屋に売り払ってしまったという。この銘酒若緑の一盃に何もかも飲み乾し流してしまおうと、一座は大笑いとなった。

文久元年（一八六一）の十一月に奎堂・鹿門・飯山の同居で始まった雙松岡は、こうして翌二年の四月末の頃、半年間で終わりを遂げた。その閉塾の時期を内村鱸香は五月六日付の手紙で「前月晦日」と記している。すなわち四月晦日（三十日）であった。

その後、三人は京都の家里松嶹の元へ身を寄せていると、そこへ飯山の老父、松林杏哲が突然にやって来た。息子が熱病になったことを聞き迎えに来たのだという。飯山の病は数日で癒えたから、父親が迎えに来るほどのことはなかったのだが、父親の本意は、飯山が大坂の地で浮浪の仲間と交わり日夜狂奔していることを聞き、心配のあまりに迎えに来たのだろうと、鹿門は記している。[55]

老父は京都に一日滞在し東山の景勝地や本願寺を見物して、飯山を伴い帰国の途についた。飯山、奎堂、鹿門の三人にとり最後の別れの時であった。『飯山文集』第一編所収の飯山年譜によると、松林飯山の大村藩への帰郷は、文久二年（一八六二）であった。飯山二十四歳となっていた。

松本奎堂と岡鹿門のその後

雙松岡を閉じた後の奎堂と鹿門の動向を記しておこう。

雙松岡を閉じた直後に、松本奎堂のもとに、肥前鹿島藩の原応侯が訪ねてきた。[56]応侯と奎堂、そして鹿門と飯山とは昌平黌の同門であり旧知の間柄である。鹿島藩において学政を振起させるために、奎堂を三百石で登用したいと、藩主の篤い思いを伝えにきたのである。同席していた鹿門と飯山は、自分達は雙松岡を閉めた後もそれぞれの藩邸に身を寄せることができる、しかし刈谷藩を脱藩してきた奎堂にはそれもできないから、奎堂に鹿島藩に仕官することを強く勧めた。とくに今から郷里に帰る飯山にとっては、大村藩から一つ山を越えると鹿島藩であるから、これほど心強いことはないのである。

ところが奎堂は理由は言わないが、辞退するの一点張りでこの話を断る。鹿門は『在臆話記』の中で奎堂はこの頃すでに、浮浪の仲間と密約することがあったのだろうと推測する。奎堂にとって天下の情勢が益々緊迫するなかで、その中心の畿内の地を去って肥前の地に西下する気はなかったのである。

松本奎堂にこの鹿島藩仕官の話があったのは、文久二年（一八六二）の五月の初めの頃であった。

その後奎堂は京都に移り、薩摩藩の島津久光の上京を機に、藤本鉄石や吉村虎太郎等と倒幕を計るが、寺田屋騒動で薩摩藩の過激派は粛清されて失敗し、一時淡路島に逃れた。

翌文久三年（一八六三）の八月に孝明天皇の大和行幸の詔が下ると、行幸の先駆けとして大和で幕府倒幕の挙兵を計画し、前侍従の中山光忠を主将として大和国天領五条に入り、ここを治める幕府代官の鈴木源内を襲撃し殺害した。桜井寺を本陣として天誅組を名乗り、奎堂、藤本、吉村の三人は総裁となり、自らの態勢を「御政府」と称するほどであった。更に大和五条を「天朝直轄地」として年貢半減などの御触を出し、倒幕の行動を具体的に行っていく。

しかし同年の八月十八日に京都には政変が起こった。薩摩・会津の両藩が謀り突如として尊攘派を京都から追放したのである。その結果、長州藩は御所警備の任を解かれ京都を追われ、また三条実美をはじめとする尊攘派の公家七人も長州へ落ちのびた（七卿落ち）。いわゆる八月十八日の政変である。

尊攘派公家衆の失脚によって孝明天皇の大和行幸は偽勅とされ、天誅組が掲げる「御政府」や「天朝直轄領」の大義名分は失われた。孤立した天誅組は十津川郷士にも募兵して高取藩の高取城を攻撃したが失敗し、周辺諸藩の大攻撃と十津川郷士の離反によって天誅組は瓦解した。

松本奎堂は残党と共に十津川山中をさまよい、若いころ左目を失明していたのに加え、右目も悪化して盲目の状態となり、九月二十五日に吉野郡の鷲尾口（奈良県東吉野村）

で紀州藩の銃弾により落命した。三十三歳であった。

文久二年の五月、大坂で鹿門、飯山と別れて一年五ヶ月後のことであった。

松林飯山は奎堂が亡くなった翌年の元治元年（一八六四）に、その死を悼み「松本奎堂傳」を記している。[57] 岡鹿門は飯山が奎堂傳を記すに至った経緯を『在臆話記』に伝えているが、[58] 天誅組の北畠治房という人物が十津川の敗戦後に脱走して、大村に戻っていた飯山の元に潜居していたという。飯山はこの北畠から大和での奎堂の動向を詳しく聞いて、この奎堂傳を記したのというのである。特に奎堂の最期の行動は、行動を共にした天誅組の一員から聞き取って書かれたものであり、信憑性が高く重要である。

飯山は「松本奎堂傳」の末尾に、奎堂が久能山東照宮に参詣した時の珍事を伝えている。奎堂は家康東照公の墓前に至ると、手を振り上げて「この悪賢い老人、おまえが眠る墓所を暴き、おまえの骨に鞭打たん」と罵倒したという。

奎堂の過激な江戸幕府批判と尊皇思想が窺える言動である。この激しさが大和山中での幕府倒幕の挙兵として表れたのである。

もう一人の盟友、岡鹿門のその後の行動を見てみよう。[59]

雙松岡の二人と別れた後、江戸に赴き一時、仙台藩の儒学者・桜田虎門が開いていた順造館の教授を務めるが、文久三年（一八六三）の四月には郷里の仙台に戻っている。翌元治元年（一八六四）の春からは、蔵書類を売り払ってそれを財となし、塾舎の建築に取りかかり、その年の十二月には完成した。塾名を鹿門精舎と呼び、『在臆話記』には入門する者多く、門閥の子弟も多く入門したと盛況ぶりを記している。

慶応二年（一八六六）には仙台藩藩校・養賢堂の指南役見習、その後学問方御用役に登用されるが、養賢堂の教育方針には飽き足りなかったようだ（『在臆話記』）。鹿門三十四歳となっていた。

慶応四年（一八六八）の正月早々、京都では鳥羽伏見の戦いが勃発し、いわゆる戊辰の役となって各地に戦火が飛び火していく。東北でも幕府存続の立場を取る奥州列藩同盟の結成に、尊皇派の岡鹿門は強く反対したために、同年の九月初めから二十日ほど投獄されてしまう。許されて出獄後は藩主幼君の教育掛りとなった。

しかし佐幕派の強い仙台藩内では鹿門の言説はあまり馴染まず、明治三年（一八七〇）には郷里仙台を離れることとなる。三月には明治新政府が設けた大学の中教授となるが、八月には東京府に出仕して中学少教授に転じ、この頃、東京芝のかつての仙台藩邸内に私塾綏猷堂《すいゆうどう》を開いて子弟への教授も行っている。

明治五年（一八七二）には懐かしい出会いがあった。前述もしたが早稲田に開塾していた明治新塾を訪ねると、塾主は山東直砥という人物であった。何とその人物はかつて大坂の雙松岡で塾僕として使えていた智賢坊であった。堂島での半年間、急な来客があれば食事を準備し、雙松岡の閉塾に当たっては家財道具を処分するなど、塾を退去するまで鹿門達に仕えた人物が、今は立派になって洋漢学を教えていたのである。

山東直砥はこの後に神奈川県権参事となっている。

明治五年には文部省の修史局、明治十二年（一八七九）には東京府書籍館幹事、いわば東京図書館長を務めるが、一年後には辞任してその後は官職に就くことはなかった。

自由の身となった鹿門は、明治十七年（一八八四）五月から翌十八年の四月まで中国を旅行し、その間、李鴻章と会談し両国の善隣を論じている。その中国の旅は二百十五日に及んだ。

岡鹿門は『在臆話記』という膨大な回顧録を残している。本稿でも随所に史料として用いてきた。『在臆話記』の冒頭にその編纂に至る経緯を記しているが、七十五歳となった明治四十年（一九〇七）に子供達の希望があって、十一月から思い出を語ることなり、それは一年に及んだという。こうして明治四十一年（一九〇八）に成ったのが『在臆話記』であった。大正三年（一九一四）二月十八日に胃腸病のために東京大崎の地で没した。八十二歳であった。

岡鹿門は昌平黌で共に学び、雙松岡で再びその絆が復活した松本奎堂、松林飯山の二人には殊の外篤い思いを抱いていた。明治二十六年（一八九三）四月十四日には、天誅組の義挙で戦死した松本奎堂の最期の地、吉野を訪ねて弔い、墓所建碑の資金として金若干を寄付している。また明治二十七年三月六日には大村の地を訪ね飯山の墓前に詣でている。第八章の「岡鹿門の大村来訪と飯山墓所への墓参」で詳しくは後述する。

第五章

大村藩の勤王への道のり

大村純熙の安政の改革

弘化四年（一八四七）二月に大村純熙が第十二代大村藩主に就任した。前藩主の大村純顕の弟に当たり、就任当時は十八歳、大村藩最後の藩主である。

大村純熙の藩主就任の頃の国内は、西洋列強からの外圧に翻弄された時代であった。就任五年前の天保十三年（一八四二）には、「薪水給与令」という従来の対外政策を転換する幕法が出されている。それまでは近海に出没する外国船は打ち払うという強硬手段（「無二念打払令」）であったが、中国清朝がアヘン戦争で英国に敗北したことを教訓に、幕府は日本に漂着した船には薪水・食料を与えるという柔軟策に転じていく。

やがて嘉永六年（一八五三）には、アメリカ東インド艦隊司令長官のペリーが浦賀に来港し開国を迫り、翌七年一月早々に再来港し、三月には日米和親条約を締結し下田と箱館の二港が開かれることとなった。江戸幕府が開かれて以来、幕府の祖法であった鎖国政策はもろくも崩れ、開国政策へと進んでいく。

この後、西洋列強は怒濤のように日本に迫って来る。安政五年（一八五八）六月にはアメリカとの間に日米修好通商条約を結んだのを契機に、オランダ、ロシア、イギリス、フランスとも次々に修好通商条約を結んでいった（安政の五カ国条約）。

大村純熙はこういう国情下に藩主の座についた。ペリー来航時には二十四歳、五カ国との通商条約が結ばれた時には二十九歳であった。

西国、特に九州諸藩はこのような外圧、そして江戸幕府の無策に対応して藩政改革を行い自国の領国経営を強めていく。九州でその最たる藩は薩摩藩と佐賀藩であった。西洋列強との五カ国条約によって神奈川・長崎・兵庫・新潟の各港が開港された。その一つの長崎に隣接するのが大村藩であり、国情の変化はひしひしと大村藩にも伝わってきた。このような新時代に対応するべく、大村純熙も薩摩・佐賀藩などと同様に藩政改革を進めていくこととなる。

この当時、大村藩が西洋列強の外圧を目の当たりにしたのは、嘉永六年（一八五三）七月、ロシア極東艦隊司令長官プチャーチンの軍艦四隻を率いての長崎来航であった。幕府から長崎警備を命じられていた大村藩にとっては一大事であり、その緊縛した状況は、藩政日誌『九葉実録』補欠草稿第二にも窺える。[60] 七月十七日には長崎の市中警備のために大村藩士が福田と大浦に急行した。役目に就いた藩士名も総て記録されるが、福田固めは侍大将の浅田大学をはじめとして三十七名、大浦固めは大村次郎左衛門を侍大将として二十五名であった。

藩主大村純熙も「迅速出馬」とあり、急ぎ長崎へ向かうが、長与村を通過の際に長崎港に来航した外国船の詳細が伝わってきた。ロシア船で国王の親書も持参しており、不審な船ではないことが分かった。七月十九日には、大村純熙は長崎奉行と面会し、不審船ではないことを確認してその日の内に大村へ帰城している。

ロシア船が長崎に来航した一月前の六月には、前述のようにアメリカのペリーが浦賀に来航し開国を迫っていた。大村藩にとってこのような列強の外圧は、ロシア船の来航によってよそ事ではなく、身近な切実な問題として浮上してきたのである。

これに対して大村純熙がとった最初の改革は、長崎近海に出没する異国船に対応するべく外海地域の海岸防備であった。ロシア船が来航した安政六年（一八五九）の十二月に幕府に対して、外海六カ所への砲台築造の許可を求め、翌安政七年（一八六〇）の三月には六ヵ所に砲台の築造が大方終わる程の迅速さであった[61]。

福田村の手熊古城の鼻、式見村の黒岩、三重村の角の山、神浦村の大船の鼻、瀬戸村の城山、面高の曲りの鼻の六カ所に築造された各砲台には、一定の鉄砲と砲筒を備え銃士・砲士を配置した。別に遠見番所を数カ所に置き、番人・船番が沿岸の警備に当たり不慮の事態に備えたのである。この藩内の海岸防備は、大村純熙が行った藩政改革の大きな柱であった。

二つ目の改革としてその年、嘉永七年（一八五四）の六月には、城下大給の家臣団を招集して、五年間の質素倹約の令を発している。その詳細は『九葉実録』雑誌巻之四[62]に記されるが、質素倹約の目的は西洋列強の外圧に対応する財政の引き締めであった。

具体的には近年の頻繁な異国船の来航によって、長崎警備が重要な任務となってきたこと、同時に藩内の沿岸警備とそれに伴う鉄砲・大砲の完備など、いわゆる軍費に莫大な財源が必要になってきたのである。その為の質素倹約であった。質素倹約の内容を実に四十七項目にわたって具体的に示している。

内容は多岐にわたる。まず玖島城中での諸行事、年間の節々の行事や人生儀礼、中元・歳暮などの進物、参勤道中での振る舞い、社寺参詣などの旅・宗教行事、頼母子講や葬儀での食事、武士・庶民層の衣服や装身具、浮立や盆踊り衣装などに関連して細やかに質素倹約を命じている。

一例を示せば女性の髪飾りについて、絹縮緬糸を用いたものは禁じているにも関わらず、この頃は乱れていると聞く、今後は堅く禁止する。金銀細工の櫛と簪《かんざし》も同様に禁じる。親子兄弟での外飲食や客人への饗応を禁じる。但し遠来の親しい客には軽い茶漬けほどならば出してもよい、といった具合であった。
三つ目は兵制の改革であった。安政二年（一八五五）九月にそれまでの弓箭、すなわち諸手弓組を全廃して銃・大筒隊を編成した。藩主親衛隊についても従来の中小姓馬副に加えて、家臣団の中から家格に関わらず、武技に優れた者・二十騎を選抜し親衛隊に加えている。[63]
当時はどの藩も一定の流派の剣術を採用し、家臣達に稽古に励ませた。大村藩では永く一刀流と新陰流とを流派としたが、大村純煕は江戸の練兵館道場の斎藤弥九郎の三男・斎藤歓之助を招聘し、安政元年（一八五四）六月十一日付けで無念流師範役に任じている。[64]これによって大村藩剣術は一刀流と新陰流から無念流に替わることとなる。
旧来の二流派は剣術の型を重んじたが、新たな無念流は戦場での実戦向けの剣術であった。この新流派を徹底するために、今まで一刀流や新陰流の門にあった者も無念流に励むこと、役目が繁忙ではなく四十歳以下の藩士はこの流派を講習することを命じた。その結果、藩内では実戦を想定した剣術の試合が大いに行われ、藩の気風が変わったという。[65]
大村純煕がこの無念流を採用したのは、西洋列強の外圧によって極めて不安定な世情に対応し、いずれ騒乱が起きること想定して実戦向けの剣術に移行したのである。しかしその陰には辛酸をなめる者達もいた。旧流派の師範役を務めた荘勇馬と長井兵庫は、無念流の取立方（助手）となり降格する者もいたのである。

剣術を奨励すると共に、ほぼ同時期に大村藩は高島秋帆の西洋式兵学を導入している。大村純熙は侍医の尾本公同より蘭学の手ほどきを受けていた。その公同は医者でありながら、江戸遊学時に千住在徳丸原で行われた高島秋帆の西洋式練兵を実見し、更に内田彌太郎という人物の家に寄寓して、自らも西洋式練兵を会得して帰藩する。そして藩主に高島秋帆の西洋兵学の実用性を強く説くのである。

その結果、藩士子弟の二十名を選抜して西洋式銃隊の訓練を行うこととなった。指導するのは、勿論、尾本公同であった。[66]

大村純熙はこのようにして、藩主親衛隊の刷新、実戦的な剣術であった無念流への切り替え、鉄砲・大筒隊の編成と共に高島秋帆の西洋式兵学を採用する等、兵制改革を着々と進めていった。

四つ目の施策は『郷村記』の最終的な編纂である。

大村藩内の村々の実態を調査記録した『郷村記』の編纂は、天和・元禄年間（一六八一

〜一七〇四）に始まるが、その後一時中断し、第十代藩主の大村純昌は天保六年（一八三五）に一瀬太郎右衛門等に命じて編纂を再開していた。

大村純熙はこの事業を継続し、安政三年（一八五六）には領内四十七ヵ村の実態調査を行った。調査項目は各村によって若干異なるが、村の由来、農業生産力、人口、地形、戸数、人口、寺院神社、諸産業の運上金、過去の災害など三十項目以上を数える。主な狙いは領内総生産高を把握することであった。農業生産は勿論のこと水産業・商業・工業・林業にも及び、営業高に応じた運上金を詳細に算定し賦課している。

一例を示すと嘉喜浦村崎戸浦と言えば、現在の西海市崎戸町に当たり、大村藩領の中では城下より最も遠隔地の島村であった。その島に一軒あった揚酒屋（酒小売店）の運上金は銀一貫三百二十三匁（金二十二両余）と記される。[67] 外海地区で最大の神浦村の揚酒屋運上金は銀三十匁であり、これと比較すると崎戸浦の額は破格である。

両村の人口比は崎戸浦・五百八十五人、神浦村・五千四百六十人と、神浦村の約一割強の人口に過ぎない崎戸浦の揚酒屋では、驚くべき酒の売り上げがあった。実はこれは島人の消費だけではなかった。この島は長崎港に出入りする船の物資の供給地であったから、立ち寄った船がこの浦で酒を仕入れたために、多額な売り上げとなり、運上金は金にして約二十二両にもなったのである。

このように『郷村記』の編纂により、城下から遠く離れた一軒の揚酒屋の運上金まで把握が可能となった。広く在方商業をも藩権力が直接に管理しようとしたのである。その背景には、先に触れた莫大な軍費を捻出するために、藩財政を確実に把握する必要があった。その基礎作業が『郷村記』の編纂であったのである。

『郷村記』は当時としては極めて行政的な記録として作られたが、安政三年（一八五六）当時の大村藩各村の実態を克明に伝えている。現在では貴重な歴史資料としての役目を果たし、その恩恵は計り知れないものがある。萩藩の『防長風土注進案』とともに藩内農村調査書の双璧である。

西洋列強の外圧に敏感に反応した大村純熙は、藩内の沿岸防備、実戦的剣術の無念流や高島秋帆の兵学採用などの兵制改革、莫大な軍費捻出のために質素倹約令の発令、『郷村記』編纂による藩総生産高の管理という改革を進めた。

大村純熙の長崎総奉行就任と尊攘派の危機感

藩政の改革を進めてきた大村純熙は、文久三年（一八六三）五月二十六日に江戸幕府より思わぬ役目を仰せつかることとなる。長崎奉行に任命されたのである。長崎奉行は幕府直参の旗本から任命されることが慣例であり、外様大名で西国の小藩の大名が任命されることは異例中の異例であった。長崎奉行は二人制であったが、当時のもう一人の長崎奉行は服部長門守常純であった。禄高一千石取りの旗本である。

　この人事は幕府政治の大きな転換を意味し、西洋列強の外圧などによって国内の政局が深刻な状態であったことを示している。なぜ大村純熙に白羽の矢が立ったのかは記されていないが、大村藩が天領長崎に隣接し、幕命により長崎警備を永年にわたり勤めてきたことが、長崎奉行任命の要因であったのであろう。

　しかし純熙は六月四日と同二十六日、更に七月十九日と三度にわたって辞意を申し出る。脚気の持病があって起居もままならない、加えて「逆上眩暈《げんうん》」、すなわち「のぼせ・めまい」もひどくなって、役目を全うすることできないと辞退の理由を挙げている。[68] これによって藩主純熙は脚気の病があったことが分かるが、実は前述したように松林飯山も江戸に出て程なく脚気になっていた。そこでも触れたように白米食によるビタミン不足によって、当時はこの病に罹る者が多かったのである。大村純熙もおそらく同様であったのであろう。

長崎奉行の辞意を示したものの、幕府は八月八日には今度は長崎総奉行を命じてきた。さすがに今回は断ることはできずその任務に就いた。三十四歳の時であった。西国の小大名を長崎奉行に任じることも初めてであったし、「長崎総奉行」の名称も前例がなかった。純熙は九月二十五日付けで「総奉行」の意味も含め、どのように務めればよいのか伺いを立てている。

幕府には奉行の上に「総」を加えただけ、しかるべき理由はなかったのである。十一月には在勤の在り方について、非常の時は長崎在勤の長崎奉行からの連絡により、現地に出向いて役目に就くこととし、長崎は手近の場所であるので、日頃は大村在城のまま在職させて戴きたい旨を願い出、許可されている。[69]

十二月八日に純熙は総奉行となって初めて長崎を巡視している。翌元治元年（一八六四）の九月まで長崎総奉行を勤めることになる。

藩主大村純熙が長崎総奉行に任じられたことにより、大村藩は微妙な立場に立たされることとなった。純熙が就いた長崎総奉行は、何と言っても江戸幕府の役職であり、藩の姿勢も幕府よりの立場を取らざるを得ないのである。その時の家老であった浅田弥次右衛門は佐幕派の立場であったから、幕府方の時機到来と幅をきかせていた。

時同じくしてこの年・文久三年（一八六三）の八月十八日には、京都で公武合体の政変が起こり、薩摩・会津の両藩が尊攘派の長州藩を突如として京都から追放したのである。これにより江戸幕府の威力は回復する兆しが見える一方、尊攘派は追放され低調となった。

大村藩においてもこの当時、長州藩との親密な関係から尊皇攘夷の思想が醸成されつつあったが、大村純熙の長崎総奉行の就任によって、その思想は藩主の立場にそぐわず、尊攘派には危機的な時期であった。

大村藩勤王三十七士の同盟

大村藩勤王派の動きは、大村純熙の伝記である『臺山公事蹟』に詳しく記され、三十七士の盟約についてこの記録にもとづいて見ていこう。

大村純熙の長崎総奉行就任は、一部の家臣達に大きな刺激を与えることとなった。丁度その頃、渡辺昇は江戸遊学から、長岡治三郎も江戸・京都の遊学・視察からもどっていた。遊学先で新しい時代の到来を肌で感じての帰藩であった。この者達にとって藩主が江戸幕府方の役目に就くことにより、大村藩は幕府よりの立場を取る佐幕派の勢力が、藩政を牛耳るのではないかという懸念があった。

その佐幕派の首領が、文久二年（一八六二）八月から家老職にあった浅田弥治右衛門である。この人物は当時の大村藩城代の浅田大学の一門であるが、大学家とは中世末期に家別れした家系である。浅田家系図（『新撰士系録』五巻上下所収）によると、大村純忠の養父・大村純前の時代に惣役を勤めた朝長蔵人の時代までさかのぼる。蔵人は伊勢守純兵・蔵人・右京・但馬・左馬助純勝の五人兄弟であったが、大学は長兄の伊勢守純兵の家系、弥治右衛門は末弟の左馬助純勝の家系であり、それぞれ中世末期から江戸時代を経て幕末まで血脈を伝えてきた。

本家筋の浅田大学は上小路に屋敷を構えて食禄は約四百十三石、分家筋の浅田弥治右衛門の屋敷は大村湾海辺の外浦小路にあり、食禄は約二百十二石であった。[70]

後に大村藩勤王三十七士の中核となる渡辺昇は、自らの『渡辺昇自伝』のなかでこの弥治右衛門のことを、「佐幕派ノ首魁ニシテ、我党ヲ妨害スルハ兄ノ能ク知ル所ナリ」と記している。[71] 中世来の朝長家は後に浅田家と改姓するが、その名門の譜代家臣として、永年の幕藩体制を強く支持したのであろう。

大村純熙が長崎総奉行に就任した文久三年（一八六三）の十二月に、根岸陳平、渡辺範助（清）、長岡治三郎、中村鉄弥の四名は藩校・五教館の一室で酒を酌み交わした。実はこの酒席が大村藩の行く手を大きく変えることとなる。会談は数時間に及び胸襟を開いて談じるうちに、共に尊皇攘夷に粉骨砕身することを誓い合うに至るのである。その後、長岡治三郎の屋敷で熟談すること数度に及び、そのうちに渡辺範助の弟である渡辺昇も加わった。

さらに城代職の針尾九左衛門と松林飯山が加わることとなる。針尾九左衛門は城代という要職から盟主にすることに異論はなかった。しかし飯山を一統に加えることには渡辺昇が、「漸之進（飯山）の如きは一學士のみ。死を共にするの人に非ず」と頑なに反対した。しかし兄の渡辺清が、飯山は藩主と極めて親しい関係にあり、そういう人物も盟友には必要だと昇を説得している。

もう一人一味に加えたい人物がいた。用人の稲田東馬である。時の家老・稲田又左衛門昌廉の息子であり、当時三十四歳、学問を好み、その人柄から当時の若手武士から絶大な信頼があった。この人物の説得には渡辺昇が当たったが、東馬は藩内に党をつくることに難色を示し快諾は難しかった。しかし昇が熱く説く尊皇攘夷論は、東馬の心を動かし加盟するに至った。

稲田東馬が快諾する前に藩内で徒党を組むことに懸念をしめしたが、実際に大村藩でもその事を堅く禁じていた。外山幹夫氏は「福田寛之家文書」によってその厳罰を次のように挙げている。[72]

一、一味徒党を組む者は斬罪

一、徒党者の所領は没収、父母及び家族は親類へお預け、男子は流罪、弟は蟄居、他家の親兄弟も連座によって同様の処分

このような味徒党を組むことの警告があったにも関わらず、この時点で八名の者が秘かに尊皇攘夷の志のもとに集まったのは、相当の決心があった筈である。

その密議を重ねた場所は長岡治三郎の屋敷であり、そこには「幽竹」と記された額が掲げられていた。この長岡治三郎の息子として生まれた長岡半太郎は、「幽竹」額の裏面に、父治三郎達が尊皇攘夷の密議を重ねたことを克明に書き留めている。[73]半太郎はその中で「志士の盟は厳秘に行はれたから、正確な文書を徴すべきものは存在していない」と記すように、三十七士結成に関わる史料は少ないのである。

そういう実情のなかで長岡半太郎が記した内容は、父の治三郎の行動を見て、あるいは直接に聞いたものと思われ、極めて重要な記録である。次に意訳する。

祖父が安政六年（一八五九）に没した。其頃から幕府の権威は日々衰へて、遂に文久年間に至り、大厦《たいか》の倒る丶一錐の繋ぎ得るところではなくなった。されば天下囂々《ごうごう》、倒幕の気勢大いに張らんとするにあたり、蕞爾《さいじ》たる大村藩が率先して大義を呼号するは頗る危険であった。幕府の長崎奉行は、鼻先に眼を光らせ、背後の鍋島藩は、両端を持して、機会あらば何方にか討って出んと心待に構へてゐた。若し両者が兵を動かし、佐幕に向かへば、大村藩は朽ちたるを圧すが如く全壊するは火を睹《み》るより明らかであった。然し志士の奮起するは、此の時を除いて機宜を制する能わざるを悟った。少壮気鋭の輩は、竊に粉骨砕身皇室の勢力復興に努めんと欲し、現時の秘密結社の型で気脈を通し、会合は最初此「幽竹」の下で行われた。其時互に結託したものは、僅かに四人に過ぎなかった。即ち根岸陳平、渡辺範助（のちの清左衛門、また清）、中村鉄弥（のちの公知）と家大人とが率先したのであった。其後同志は、闇の如く応じ、遂に三十七人を数ふるに至り、最後は復「幽竹」下で血盟したのである。時に文久三年十二月頃であったと伝へられている。（中略）三十七士は、大村藩人を鼓舞して、尊皇の精神を注射し、遂に東征軍に加はり偉功を樹てた。

この一文によって大村藩勤王三十七士の盟約が結ばれた時代背景、またその経緯がよく分かる。まさに当初は一部の者が周囲を窺いながら、世間からは危険な思想集団と思われても仕方ない秘密結社であったのである。

その顔ぶれを外山幹夫氏の調査研究から援用して記すと、次の三十七名であった。[74]盟約の発端をつくった渡辺範助、渡辺昇、長岡治三郎、中村鉄弥、松林飯山などの禄高を見れば、四十石から六十石取りの決して上層の家臣達ではなかった。ただいずれも玖島城近くの城下に屋敷を構えた面々であり、後に三十七士に加わる者達もすべて城下に居住する者たちであった。

大村城下は本小路、外浦小路、小姓小路、上小路、草場小路、岩船、両久原、日向平の八地区から成るが、安政三年（一八五六）の時点ではこの区域に百六十五名の城下人給の家臣達が屋敷を構えていた。[75]その中の二割ほどに当たる三十七名の者が、秘かに尊皇攘夷の盟約を結んだのである。

表(5)　大村藩勤王三十七士一覧

No.	氏　名	履　歴（禄高　役目　没年等）
1	浅田千葉之介	413石余 城代浅田大学の嫡子 妻は藩主大村純熙の妹 大正元年没
2	針尾九左衛門	406石余 44歳 城代・旗本番頭を経て家老 脇備侍大将 明治38年没
3	原三嘉喜	305石余 28歳 近習加番 妻は浅田大学の娘 大正4年没
4	稲田東馬	250石余 34歳 家老稲田昌廉の子 中小姓 用人 家老 明治43年没
5	大村太左衛門	198石余 46歳 大目付、御用人兼質素方用掛 家老 明治元年没
6	松田要三郎	159石余 34歳 斎長 学問出精を褒せられる 号は宣風 明治14年没
7	山川宗右衛門	156石余 37歳 中小姓 大目付支配 明治39年没
8	大村歓十郎	153石余 一学、のち右近 中小姓 供頭見習 格外の家老 明治41年没
9	福田弘人	133石余 40歳 武具方 出納役 郡奉行 明治15年没
10	土屋善右衛門	110石余 42歳 旗本長柄奉行 脇備者頭 明治元年東征軍総督 明治31年没
11	野沢門衛	101石余 素読御相手 長崎守衛役 長柄奉行 近習番頭 明治43年没
12	根岸主馬	100石余 40歳 山奉行 勘定奉行 根岸陳平の兄 明治19年没
13	加藤勇	80石 五教館祭酒加藤晋十郎の子 祭酒 監察兼侍講 明治38年没
14	中村平八	80石 41歳　明治23年没
15	沢井六郎大夫	61石余 39歳 別名は官兵衛 明治40年没
16	小佐々建三郎	61石余 39歳 槍術内頭取 二十騎馬副 明治32年没
17	松林廉之助	60石 29歳 五教館教授 号は飯山 慶応3年没
18	楠本勘四郎	60石 30歳 騎馬副 伊勢神宮代参 明治後は正隆 明治35年没
19	梅沢武平	60石 29歳 二十騎馬副 渡辺精左衛門・昇兄弟とは従兄弟 明治元年没
20	中尾静摩	50石 46歳 元締役 用人 作事奉行 明治38年没
21	常井邦衛	50石 36歳 明治19年没（父誠一郎とする説もあり）
22	戸田圭二郎	46石 29歳 硝石・精錬方用掛 中小姓 山川宗右衛門の弟 大正6年没
23	渡辺精左衛門	40石 33歳 硝石方・精錬方用掛 五教館監察 明治後は清 明治37年没
24	渡辺昇	40石 30歳 馬廻 治振軒剣術取立役 渡辺精左衛門の弟 大正2年没
25	長岡治三郎	40石 29歳 斎長 京都探索方 五教館頭取 明治24年没
26	長岡新次郎	40石 34歳 硝石方・精錬方用掛 出納役 別名は重弘 大正4年没
27	十九貞衛	40石 二十騎馬副 先手士鉄砲組支配 明治25年没
28	山川清助	33石 弓術に優れる 馬廻 側詰 明治17年没
29	村山与右衛門	30石 異変方 明治14年没
30	朝長熊平	30石 五教館訓導・学頭・教授 馬廻 飯山墓誌を記す 明治3年没
31	柴江運八郎	30石 渡辺昇と並び剣術に優れる 大正元年没
32	藤田小八郎	30石 中小姓 明治23年没
33	久松源五郎	25石 明治27年没
34	北野道春	20石 医師 46歳 大村純熙の療養掛 渡辺清左衛門・昇の叔父 明治36年没
35	浜田弥兵衛重義	13石 42歳 中小姓 祐筆 浜田謹吾の父 明治20年没
36	中村鉄弥	10石 五教館 十九貞衛の養子 五教館斎長 別名は公知
37	根岸陳平	禄高不詳 40歳 斎長 表頭取 元治元年頃病気 明治38年没

外山幹夫『もう一つの維新史－長崎・大村藩の場合－』より作表
年齢は数え年、慶応3年（1867）時

佐幕派の失脚と藩論の統一

勤王三十七士がまず着手したのは、自分達の意見が藩庁に聞き入れられるような藩の態勢つくりであった。その結果、勝ち取った成果が『九葉実録』の元治元年(一八六四)八月二十七日の条に「口達」として記され[76]、意訳すると次のような内容である。

今、天下の形勢は切迫しており、いつどのような騒擾が起こるか計りがたい。ついては第一に「一和」を基本として、上下お互いに心を通じ合わせ、厚く親睦を結んでおくことが必要である。今後、藩のために大事なことと思えば、たとえ藩の禁令に触れる内容でも構わない、遠慮なく書面に認め姓名を記して評定所に差し出すべし。もっともその取り扱いについては、上の方の決議によって判断する。ただし強訴などの強硬手段をとったり、個人に対する誹謗中傷があってはならない。

今様に言えば藩政に対する言論の自由を許したのである。『臺山公事蹟』ではこの事を「言路洞開《げんろどうかい》」と記す。「様々な意見が入ってくる路をからりと開ける」との意味であり、その実態をよく表現している。渡辺昇はこの事を自伝の中で「言路洞通」と言っているが、本稿では『臺山公事蹟』に従い「言路洞開」を用いる。

この画期的な施策がどうして実現したのか、『臺山公事蹟』はその経緯を詳しく説明している。[77] 三十七士の中核であった渡辺昇や松林飯山は、言路洞開をめぐって日頃より喧々諤々の議論を交わしていた。そのような矢先に、長州藩は小田村文助という人物を大村藩に遣わそうとしていた。しかし当時の長州藩の立場は文久三年(一八六三)八月十八日の政変によって、京都を追われ江戸幕府との関係が極めて悪化していた。佐幕派であり家老の浅田弥治右衛門は、このような時に長州藩士を大村藩内に迎え入れれば、不足の事態が生じると拒絶した。

渡辺昇はこの弥治右衛門の対応に大いに反対し、藩主側近の荘新右衛門に働きかけ藩主純熙から長州藩士受け入れの親書を取り付ける。荘新右衛門がその親書を示して弥治右衛門を説得に当たるが、頑として聞き入れない。新右衛門は実兄で老臣の江頭隼之助に動いてもらい、やっと長崎の大村藩邸で小田村文助を迎えることができた。

この小田村文助とはどういう人物なのか。吉田松陰の次妹の寿を妻とした。妻と死別後は久坂玄瑞の未亡人となっていた松陰の末妹の美和子と再婚している。吉田松陰と関係が深く、長州藩の尊皇攘夷を牽引した人物である。

渡辺昇はこの小田村氏の一件を通じて、藩庁への意見具申が閉ざされているのを実感する。昇は荘新右衛門に「言路洞開」を進言し、自らも老臣たちにその必要性を説いて廻る。そして藩庁で議論され、遂に元治元年（一八六四）八月二十七日に「言路洞開」の令が、前述のように口達として出されるのである。

この長州藩をめぐっては、もう一つ厄介な問題があった。前にも触れたように文久三年八月十八日の政変によって、長州藩は公武合体を説く会津・薩摩の両藩によって京都から追放されていた。幕府はそれに追い打ちをかけるように、各地にあった長州藩邸を付近の大名達に没収させた。長崎にもあった長州藩邸の収公は、当時、長崎総奉行の任にあった大村純熈と、長崎奉行の服部長門守に命じられた。

長崎奉行から藩邸収公役を命じられたのが、大村藩家老の浅田弥治右衛門であった。ところがその時、弥次治右衛門は病気のために応じることができず、その任にあたったのは稲田隼人と緒方久蔵であった。現地では土屋善右衛門が指揮をとった。

この役に関わった浅田、稲田、緒方三氏からの没収作業の顛末の報告が、『九葉実録』雑誌巻之四の元治元年（一八六四）九月九日・十六日付の「口上覚」として収録されている。[78]思わぬ失態を演じている。

藩邸の没収には長州藩浪人が阻止行動をとる不測の事態も考えられた。藩邸周辺には没収の様子を一目見ようと見物人で混雑していたため、奉行所役人が制止すると大混乱となった。これを奉行所役人も大村藩士も、長州浪人が襲撃に来たと勘違いして、逃げ出してしまった。大村藩士は何と大村藩邸に逃げ帰るのである。

この失態の処理を『九葉実録』は翌月の十月十日の条に、浅田弥治右衛門、稲田隼人、緒方久蔵は、長州藩邸の受領の時に粗暴軽挙の罪を犯した。よって各職務を褫《うば》い、浅田弥治右衛門の禄高を三十石、稲田隼人の録を十石没収したと記している。[79]

こうして佐幕派の統領であった家老職の浅田弥治右衛門は失脚し、代わって城代の針尾九左衛門が家老に昇格する。

この一連の事件を通して、その背後には三十七士の動きが見え隠れする。浅田弥治右衛門の後任の家老となった針尾九左衛門は、勤王三十七士の中核として早くから盟約に加担していた人物であった。また長州藩邸没収に際して現場での陣頭指揮をとっていたのは土屋善右衛門であったが、その没収の失態を問われた時、この人物には何の咎めもなかった。実はこの人物も三十七士の一員であったのである。

こういう経緯を見ると佐幕派と勤王三十七士の対立が表面化する中で、勤王派は勝ち取った前述の「言路洞開」によって浅田弥治右衛門等を糾弾し、針尾九左衛門を擁立し、土屋善右衛門を擁護する進言を藩庁に行ったことはほぼ間違いないだろう。

そういう最中、元治元年（一八六四）十月五日には、元締役の富永快左衛門が就寝中に何者かに惨殺されるという事件が起きる。その元締役とは藩の財政・土木・雑務を円滑に取りまとめる要職である。快左衛門の屋敷は、現在で言えば上小路の春日神社入口の対面にあった。その屋敷通りで起こった凄惨な事件であった。

実は富永快左衛門は、佐幕派の浅田弥治右衛門の実弟である。『九葉実録』はこの事件について「各所ニ罪状ヲ掲録ス」と記し、[80]惨殺事件があったことは各所に掲示したものの、犯人探索のことは一切触れていない。こうして大村藩城下の武家屋敷区域内で、佐幕派要人の失脚、暗殺という事件が起こっていくのである。

大村藩内で佐幕派と勤王派がしのぎを削る中、まだ勤王の志をもつ藩士は決して多くはなかった。この実情から渡辺清左衛門は弟の渡辺昇、稲田東馬と計り、当藩は勤王として進むべきことを藩士全体に明示する必要があると、藩に建議するのである。藩主純熙の許可が下り、稲田東馬と渡辺昇がその諭書を草稿した。

その結果『九葉実録』元治元年（一八六四）十月二十四日の条には、城下に住む城下大給の藩士たちを玖島城の大広間に集め、藩主隣席のもと大目付が朗読し一同に示された内容が次のように記されている[81]（意訳）。

今、天下の形勢日増しに切迫し、容易ならざる時節となり、実現可能なことは遠慮なく申し出るよう沙汰していたが、忠実な建言もあって満悦である。ついては積年の流弊を一洗し、銘々からの卓見も採用し、追々改革を進めていく。今後は「国論一定」が肝要である。まずは近習・外様の別を廃止し、皆平等に親睦し、忠節を尽くすこと。一藩の士気を高める為に賞罰を明らかにする。さらに戦国の心構えで報国尽忠の心懸けが肝要である。

ただこの記録には「国論一定」の内容は、具体的には触れられていない。幕府をはばかったのである。

改めて家老より「国論一定」の内容は「勤王」であると口頭で伝えられた。当藩が勤王の立場を取ることが漏れ広がり、朝廷に不利益が及ぶことも考えられるから、敢えて書面では布告しない、口頭で皆に伝えるのはそのためである、皆一同この命に背いてはならないと、極めて慎重な演述であった。ここに至って大村藩は、勤王を立場として行動して行くこととなる。元治元年（一八六四）十月二十四日のことである。

最後の藩主・大村純熙の人柄

藩論を勤王とする判断を下した大村藩主純熙とは、どういう人物であったのだろうか。明治二十年代に入って東京史談会が明治維新で活躍した諸氏から、その動向ぶりを聞き取った『史談会速記録』という記録がある。明治二十八年（一八九五）五月十一日には渡辺昇がその席に呼ばれ、主君純熙について次のように述べている。[82]

大村藩勤王の一途に方向を定めて終始渝《かわ》りなかった、其源と云ふは何から起こって来たかと申すと、先づ大村藩主従三位純熙公が性質寡黙にして辨舌の事は甚だ不得手の人でありましたけれども、一旦志を定めて是と決心致します以上は、如何なる困難に出會ふとも決して變せぬと云ふ處は、最も特色のあった人でありました。其特色を以て率先して小藩微力なからも、薩長の後に従って勤王の道に力を盡したものであります。當時其政府に出仕致して居る輩にも決して勤王論斗りではございませぬ。佐幕と申す傾きの人々は餘程多人数あったものであります。さりながらも今申上げましたら、旧主公が内には勤王の一途を維持して居られ、外には我々同志者が助けて居りますから、其佐幕の志のある者も勢ひ壓《お》されて力を伸ることが出来なかった。

また嘉永六年（一八五三）から藩主純熙の侍医を勤めていた尾本公同は、主君について次のように語っている。[83]

予の侍医に任せられし後は、予は親しく公の側に出て御相手を申上ぐるを得る地位を授けられしと雖も、公は尚重臣、近習を憚り公然蘭学の修業を為さず。予が當直の夜をのみ待ち楽して勤学したり。其頃公は常に城中に住みしが、殿中の規則として男子たるものは側役の輩と雖も、御口御鈴口より奥に立入ることを許されざりし故、公自身表に出て其の一室にて習学されたるも、文久三年夫人帰郷の後、公夫妻の玖島崎に居住することとなりしを以て、後に予も奥に入り公の居間にて御相手を申上ぐることを許されたり。（中略）公の蘭学は予が親しく御相手申上くるに至りし頃は、従前に比すれば既に大に進歩し一通りの単語だけは、音読解訳ともに自由に為し得る程なり。

（中略）予が宿直の夜には極暑大寒の際と雖も勤学往々夜の五更に達したるもあり。（中略）

公は玖島崎御殿の新築成りて同邸に移り住みし時、長崎より「ストーブ」を購求し居間に据付けさせたり。一日中小姓藤田小八郎と云ふ者公を諌め、「斯かる物を御据付けなされ煙出等を設けられ、常に煙りを吐き出さしめては前船津の海上より見ゆる所なれば、下々のもの旅人等の見ても餘り毛唐人の真似をなさる様にて、宜しかざるに付き御撤去遊ばされたし」と云ひしに、公は藤田の去りし後、苦笑一番し「あの様なる人物が沢山ありては困る」と、云ひたることもありと聞きたり。

このように渡辺昇と尾本公同が藩主純熈公の素顔を語っている。

決して弁舌など爽やかではなく、寡黙な人物であったようだ。しかし一旦こうと決めた以上は、いかなる困難があっても決めた道を突き進み、大村藩が小藩ながらも勤王の道を選び突き進んだのは、藩主のこのような性格が一番の源であったという。

尾本の供述から純熈の蘭学への傾倒は相当のものであった。尾本公同が宿直の時には家臣に気づかれないよう、城中の一室や玖島崎別邸で公同からにオランダ語を学び、その発音も和訳も自由にできる程であった。尾本からの教授は極暑大寒の時期にも行われ、深夜の午前三時・四時に及ぶこともあった。

玖島崎別邸の新築の際に、長崎からストーブを購入して設置したところ、側役の藤田小八郎から、毛唐の真似をしていかがなものかと撤収を諫められるが、純熙は「あの様なる人物が澤山ありては困る」と一笑したという。

また尾本公同は純熙の勤勉さをこうも述べる（『臺山公事蹟』）。夏の夕方炎暑の厳しい中、公は庭の前に床をとり夜半過ぎまで勉学に励んだ。側には奥付きの女房が蚊の追い払い役で侍っていたが、夜が更けるにつれてこの女房は居眠りをしてしまう。佳境に入って勉学に励む公は暫く気づかなかったが、あまりの蚊の多さに女房を見ると、居眠りしているではないか。公が責めると女房はいたく恐れ入ったという。

渡辺と尾本の述懐によって、藩主純熙の人柄がよく分かる。

明治維新後、大村純熙は明治四年（一八七一）から岩倉具視が率いた西洋事情視察団にいち早く加わり、二年間にわたり西洋十一カ国を見聞している。おそらく尾本公同から学んだ蘭学の世界を、自分の目で見てみたいとの思いからであったのだろう。公は明治十五年（一八八二）に亡くなるが、明治三十六年にかつての大村城址に銅像が建立される。その姿はフロックコートに脇には洋書を抱え、時代を見据えた蘭学好みの旧藩主の姿をよく伝えている。

第六章

松林飯山、幕末の動乱に身を置いて

松林飯山の妻

飯山の家庭については、第四章の「国元への帰藩と畿内への遊学」の項で触れたが、藩から賜った上小路最上部の屋敷で、両親・弟二人・妹二人の七人家族であった。妻を迎えたのが、何時であったかは記録がないが、飯山の妻は『新撰士系録』六十三巻の松林家系図では、片山三右衛門の妹と記される。

『新撰士系録』二十八巻の片山家系図によると、確かに片山三右衛門徹義という人物が存在し、三右衛門には二人の妹もいる。上の妹は村瀬杏菴喜和の妻となっているが、末の妹は嫁ぎ先の記録はない。おそらくこの人物が飯山の妻であったと思われる。『新撰士系録』編纂の最終時期に当たり、その時期にはまだ飯山に嫁いでいなかったために、飯山の妻とは記録されなかったのであろう。

父親は片山勘治徹孝であり、勘治は小佐々常之允の叔母を先妻としたが、後に稲田又左衛門昌廣の娘を後妻に迎えている。その後妻との間に生まれたのが飯山の妻であった。明治後の戸籍簿によると、天保十四年（一八四三）二月四日生まれとあり、夫飯山より四歳年下であった。名前はコマと言った。

妻の実家の片山家は、父勘治の時代の食禄は百五十石六斗七升であった。[84] その息子の三右衛門（飯山妻の兄）は仲右衛門とも名乗ったが、『郷村記』によると百五十四石四斗六升の食禄であり、先代より四石ほど増加している。蔵米五十石の外に久原・池田分・川棚・宮浦・浦上・中山・下波佐見の諸村に知行地を有している。[85]

屋敷は『郷村記』の侍屋敷割によると、下久原の熊野権現（神社）の東隣にあった。屋敷の広さは二反一畝二十一歩とあり六百坪を超える敷地であり、大村藩にあっては百五十四石取りといえば上級家臣である。松林飯山は六十石取りであったが、このような格上の片山家から妻を迎えていた。

片山家系図によるとコマには姉三人がいたが、その嫁ぎ先は、長女は雄城直記の後妻となっている。直記は食禄百石取り、五教館の武館・治振軒で槍術を指南し、萩野流砲術も修め、武官として活躍した人物である。元治元年（一八六四）には藩主大村純熈の長崎総奉行就任に際しては、広間詰大目付仮役を勤めるほどであった。実はこの雄城家が後に大村城下で起こる大事件と深く関わってくるのである。

次女は伊達勇吉の妻となった。夫の勇吉は二十石取り、晩年は役目の関係から浦上に住み、嘉永六年（一八五三）のペリー来航の際には長崎警護に当たっている。

三女は先に触れたように村瀬杏菴の妻であった。杏菴は長崎警護役に就いた後、嘉永五年（一八五二）からは藩主近くに仕える侍医を勤め、安政元年（一八五四）には藩主大村純昌の室・恭容院の病気治療に当たり褒美を授かっている。

飯山の妻の姉たち三名は、それなりの大村藩士の家々に嫁いでいる。そして四女のコマは江戸帰りの新進気鋭の学者・松林飯山の妻となっていた。

この片山家の先祖の中には異色の人物もいた。四代前の当主は片山九郎兵衛祇文といった。この祇文は実は大村太左衛門徳祇の二男であったが、片山家を継ぐために養子として入った。祇文には十一名の兄弟姉妹がいたが、末弟の孫左衛門徳之は堀家の養子となっている。この堀徳之は宝暦十二年（一七六二）に大村藩を脱藩し、長月庵若翁という俳人として大成する。大坂を拠点に松尾芭蕉の顕彰活動に励んだ人物であった。この若翁の兄が男系の絶えかけた片山家に養子に入り、その四代後に飯山の妻となるコマが生まれるのである。

五教館改革の渦中に教授の任に

松林飯山は安政六年（一八五九）に帰藩すると、五月一日には五教館の祭酒（校長）に任じられたが、九日後には自らその職を辞退したために、藩は改めて祭酒の次席に当たる学頭に任じるという経緯があった。[86] 飯山の系図事蹟によると、それより四年後の文久三年（一八六三）に再び五教館祭酒に抜擢された。祭酒は藩校五教館で春・秋の二度行われる孔子を祀る釈菜の儀で、祭主を勤める重役であり藩校校長に当たる。大村藩教学の最高位に就いたのである。

その当時、他藩から飯山を慕って五教館に遊学する者もいた。肥前鹿島藩の原応侯と飯山との昌平黌での交流は前述したが、両者の交流は帰藩後も続いていた。その応侯の推挙によって、鹿島藩士の山口竹一郎・八沢章（彰）四郎・河原倹吉の三人が五教館に学んでいる。[87] 確かに八沢章四郎の事蹟記録には、「次学於大村松林飯山門」と記され、[88] 飯山への師事は間違いない。

このように他藩からの遊学を受け入れていた五教館に変化が生じた。『九葉実録』元治元年（一八六三）六月二十二日の条[89]には、剣術師の長井兵庫と文学師の松林廉之助に命じて、他藩士が五教館で文武を習学するのを謝絶せしめたとある。世情が次第に変移し、列藩が他藩を探索するようになったからだという。藩政事情の漏洩を恐れたのである。

さらにこの年の十一月には五教館の改革が行われた。改革の内容は『九葉実録』

六十一巻の十一月二十八日の条に詳しく記されているが[90]、実に二十二項目にわたる。改革の経緯は『臺山公事蹟』に次のように記している[91]。

五教館の治振軒剣術師の長井兵庫は取立役を罷免され、渡辺昇が代わってこの役に就く。早速に前述の言路洞開によって渡辺昇と福田頼三は、藩校改革を執政の大村五郎兵衛に建議し、藩主純熙の許しを得て改革に至った。改革案は渡辺昇が起草したという。

一項目は、五教館の文館の祭酒、学頭をはじめ三十才以下の者で武術の上達が早い者、上達が期待される学生は熱心に稽古場に通うこと。加えて三十才を超える者でも熱心な者は文武に励むことと始まる。

五教館の教授陣はもちろんのこと、文館で学問に励む者も治振軒で武術に励むことをも推奨し、冒頭からいかにも渡辺昇が起草した事を思わせる。渡辺はその当時、武館の治振軒の師範役にあったから、藩士達に武術上達を強いるのは当然であった。改革を整理すると次頁のような内容である。

なお、五教館には文武を学ぶ二つの機能があった。文学・古典を学ぶ狭義の意味での五教館を文館、同じ敷地内に武術を学ぶ治振軒を武館とも言った。

一、三十才以上の馬廻り衆、その嫡子で十五才以上の者は十五日間、城下大給は八日間、その嫡子は十二日間、それぞれ治振軒で稽古に励むこと。文館でもこの日数を勉学に励むこと。この中から勉学が上達したものは、五教館の表詰生・日勤生に選ばれこともある。

二、五教館の部屋割りは、家の役目などに関係なく成績の席順に寮表生部屋へ一人ずつ配置し、それに漏れた者は日勤部屋・新部屋の止宿とする。

また詰所への詰方は小路毎に組み合わせ、その内から優秀な人物を会長に選ぶ。

三、文館・武館の学生で勉学・稽古に怠慢があった者は、次年にその欠席した日数を課して学ばせる。

三十才以上の文館生と武館生は、双方の館に出席して学ぶのは自由である。

四、武館で修行を命じられた二男・三男以下の者は、身分に関係なく午後四時までに文館に出席し勉学にも励むこと。

武術は昼前、文学は昼後、夜業として午後八時までとする。

馬術は昼後、上位からの組み合わせで月に六度稽古に励むこと。

武館で諸流派の稽古を課せられている表生・日勤生には賄いを支給する。

五、素読生は朝六時から八時まで、また昼十二時から午後二時まで五教館内の弘道亭に詰めて素読に励むこと。また三十才以上の武館での稽古者も弘道亭での素読を自由に受けてよい。

六、五教館での勉学・稽古は一月に五日間休みとし、十日・十五日・二十五日は休業とする。礼法・口上講の稽古は、治振軒において午後から修業すべきこと。城下大給以上の家格で十五才から十九才の者は、槍・剣共に修行すべきこと。二十才以上の者は自ら選んで槍か剣か、どちらか一方を稽古する事。武術稽古の道具がない者には、藩から貸し与える。

七、村大給以下の藩士でも志ある者は、文館・武館に出入りすることを許す。百姓・町人でも熱心な者は、願い出て許可された者は五教館で学ぶことができる。ただ会読の席は、見立てによって末席に座ることになる。

以上の内容にまとめることができる。

五教館にはこの改革の七十四年前に定められた「五教館学規」がある。寛政二年（一七九〇）二月十八日に定められ、『九葉実録』第二十三巻に収録されている。[92]

その内容は五教館のあるべき姿を説き、儒教の古典や詩文によって徳や性情を養い、詩文によって性情を養うことが大事である。言葉使いや容貌は礼節の表れであるから、猥雑な応対はしてはならない。酒は諸行事の主役であるが、度を超すと弊害をもたらすから、勤学中の者は慎むことなどと、学問の大切さを述べる。

学規の定めのごとく日夜勉学に励み忠孝の志の高い者は、五教館で春・秋に行う釈菜の儀において、藩士子弟の鑑として表彰すると。本館教育の目的は聖人の教えである年長者への孝悌（尊敬）を身に付け、五倫の教え、父子の親、君臣の義、夫婦の別、長幼の序、朋友の信を行動に示して、士分から庶人に至るまで徳を養うことと唱っている。

改められた元治元年（一八六四）の五教館の改革内容とこの旧学規とを比べると、改革は七十四年前の学規のように藩校としての理念を説くというより、藩校学生は文・武の一方に固執せず、文館・武館での勉学・武術習得を双方に行うこと、その向上には如何にあるべきかを示している。中でも武術習得を力説している点は注目される

大村藩はこの五教館改革を布達する約一月前、十月二十四日に藩の立場を勤王とする事を定めていた。その国論一定を伝える『九葉実録』の記事には、「今、天下の形

成は日増しに切迫し容易成らざる時節柄である」として、「五教館の学法も替え、質素倹約を示すべきである。今は戦国の心得を持つべきであるが、藩中にはその効験は見えず、これは諸役人の不行き届きが原因で心痛の極みである」と嘆き、打つ手を示している。

その打つ手の一つが五教館の改革であった。館の改革を質素倹約とうたっていたが、先に見たようにその実は、文武両道の奨励という改革であった。藩はこの世情を乗り切るには、「戦国の心得」が必要だとまで言っているが、そのような気概をもっての五教館改革であった。

この五教館改革の一年前、文久三年（一八六三）に松林飯山は五教館祭酒に任じられていた。その任務はまさに改革の渦中にあったのである。改革の一項目にあったように、祭酒・学頭といえども、治振軒で武術に精を出すこととあり、武館剣術師の渡辺昇が強く望むところであった。文館の松林飯山はこれを不服としたが、昇の説得によって飯山も武館稽古場で武術に励んだと、『臺山公事蹟』は記す。[93]

元治元年（一八六四）の十一月には、飯山が五教館でその任にあった「祭酒」は「教授」に、「学頭」は「助教」と改められた。[94]

『臺山公事蹟』はこの五教館改革が行われた当時の学風を記している。

改革の草案を起こしたのは渡辺昇であった。その昇の語るところは、今までの五教館の教学の基本である儒教の経書を学ぶだけでは事足りない。自ら研鑽して先人の跡に倣い、死に場所を見つけることが今の急務である。今の世に生まれて病で布団の上で死ぬごときは、男子として恥ずべきことだと、激しい口調である。

さらには吉田松陰の『照顔録』や藤田東湖の『回天詩史』等を五教館で講義すると、学生達は渡辺昇の言動に同調し、学校は一変して志士たちのたまり場のような勢いであった。しかし中には昇の所業は学問の本体を誤り、危険で過激な言論を以て少年達を鼓舞するものであり、昇を回天詩狂と言う者もいたという。[95]

改革当時の五教館はこのような状況であった。『臺山公事蹟』は藩校のこの現状に異を唱える者もいたと記す。[96] 文館訓導の田中慎吾という人物である。田中は飯山に渡辺昇の過激な言動を諌めるように忠告するが、飯山は渡辺の言動を支持し、信頼に足るとの返答であった。すると田中慎吾は深酒・酩酊の状で飯山に五教館教授の任を辞することを迫るが、飯山は一笑に付している。

そのような最中、文館に学んでいた上野為之進という十六歳の若者が、昇が講じていた吉田松陰の『照顔録』に感化され、自らの喉をかき切って亡くなるという事件が起きる。田中はこの若者の死は、渡辺の過激な言動が原因だと飯山に詰め寄るが、飯山はその若者の志を称え、子弟に奨励するほどであった。

この事の顚末は、田中慎吾は品行を失い風紀を乱したとの理由で、五教館訓導の職を解かれた。『臺山公事蹟』は慶応元年（一八六五）九月十三日のこととする。

実はこの田中慎吾については、第三章の「昌平黌に学んだ松林飯山と大村藩士」の項でも触れておいた。文久元年（一八六一）に二十二歳で幕府の昌平黌に入門し、翌年の冬まで学んだ。帰藩後は五教館訓導でありながら、飲食に卑猥で品行悪く五教館の風紀を乱したとの理由で、役目と俸禄とを没収され人物と紹介した。

先の『臺山公事蹟』の記事により、田中が酒に溺れ品行が悪くなった理由が分かってくる。五教館の改革が本来の姿と異なる事に憤りを覚え、飯山に是正を求めるが相手にされない、一少年が自刃した時の飯山の思わぬ行動、このような事が田中の心が荒んでいく原因であったのである。

この田中慎吾が役目と俸禄を没収された時期を、『九葉実録』は慶応元年（一八六五）八月十三日とする。『臺山公事蹟』には同年の九月十三日とあって一月異なっている。

ろう。『九葉実録』が正式な藩の公的日記であるから、これに従い八月十三日とすべきであ

五教館改革の中、飯山は教授として学生達を指導する一方、藩庁から別の役目も仰せつかった。『九葉実録』元治元年（一八六四）十一月二十八日の条には、「松林廉之助ニ命シ、授業ノ暇日ニ政府ニ入ラシム」と記される。[97] 五教館で授業の暇な合間を見て、藩庁の政務にも当たらせたというのである。切迫する世情の中で飯山の知識・学問が藩政に求められたのである。

『郷村記』の序文を撰する

第五章の「大村純熙の安政の改革」の項で触れたように、純熙は永年の懸案事項であった『郷村記』の編纂を再開し、文久二年（一八六二）五月上旬に完成させる。藩内の村毎に纏められ全七十九巻に及び、当時としては行政台帳に当たるものである。

その時、松林飯山は五教館助教の任にあり、藩主大村純熙よりその序文を選するように命じられた。

その序文は首巻の巻頭に十六丁にわたって浄書されているが、五教館書道師の北村

政治の筆に成る。漢文であるが、現代語に意訳すると次のような内容である。

序

大村藩の領域は古くは彼杵・高来・藤津の三郡に及んでいた。争乱の度に鱗敵の侵入を受け今は僅かに一領域となってしまった。藩領は西の片隅に偏り、大山・大野が多く展開する。海中の島々は藩の政治を遠く隔て二十里余に及び、領域の横幅は広く大藩と接している。その間の土地の肥沃さや、戸数の多少などを記録する事が目的ではない。藩の家中は知識が偏り、皆、知識を深めようともしない。いわんや藩の重臣たちにおいてもそうである。

四代藩主の純長公は聡明で学問を好み、このような実情を嘆き悲しみ、ここに至って大きな志を抱かれた。延宝九年（一六八一）に始めて安田長恒に命じて『郷村記』を編纂し、天和三年（一六八三）に粗型が完成した。しかし歳月の経過と共に編纂事業は中断し、収録された内容は欠落や誤謬が少なくない。

元禄二年（一六八九）に再び村部長英に命じて校正修補が進められた。公自らも未見分の稿本を調べ、十七年の歳月を経て将に完成せんとする時、村部長英が没し、公はまたその編纂者を失った。以来、未だに果たし得ないままであった。

　五代藩主の純尹公、六代藩主の純庸公の世にも校修の命があったが、編纂を終えることはできなかった。その後、百余年の間、編纂事業を継承してきた。純長公の志を消滅させてはならないという思いからである。

　安政三年（一八五六）に稲毛重光、峰潔の二人を校修の職務に任じた。両名は心を奮い立たせ必ずや編纂をやり遂げることを決し、藩内の諸村・諸島を巡行し、古老から聞き取り調査を行い、諸碑碣も調査し、旧稿がある分には訂正補修して文久二年（一八六二）に至って完成した。書物となし七十九巻を数える。

　臣　漸之進に下命があってその序文を撰することとなった。原稿を書き写し読んだ。内容は土地が肥えている、痩せている、戸数が多い、少ないを論じるばかりではない。租税の軽重、村毎の物産の違い、村落の水路の方位、田畑の面積、人口、牛馬の数、船帆・農具の数など漏れなどあろうものか。加えて山水、岩谷の景勝においても略することがあろうか。急ぎ進めた所などはない。

　思うにこの書は、専ら民に臨み政を施すために編纂したものであるから、なんで繁を簡となし、俗を雅とすることがあろうか。その文體も極めてよい出来ばえではないか。

純長公の志は数世百数十年の歳月を経ても成就しなかったが、しかし今に至って完成した。純熙公の歴代藩主への孝は、ここにおいて大となり、また稲毛重光・峰潔の力は大いなるものである。この書を後に完成させたことは力量となし易い。しかしそれ以前に編纂に従事したことは功績として残り難いが、本書の基礎を作った（安田）長恒と（村部）長英の労は、いつ迄も尽きるものではない。

古来より為政者は、未だに民心に沿って政を行うとしない。そして上人は下の利害には目配りをしようともせず、施しは民の利益のためと言いながらも、その実は民を害するものである。ここにこの書が完成した。

凡そ藩内の諸事を列挙し、見事に藩政の分掌を指し示す如き内容である。今より後、藩令を出し藩政を行っていく際の資本となる筈である。すなわち民のために利を興し害を防ぐ施策が、隅々まで充分に行き届き、抜けたところあってはならない。そうして藩財政の収入・支出をよく見極めると、必ず道が見えてくるものではないか。

文久二年歳次壬戌秋九月上浣

五教館助教臣松林漸敬撰

飯山は『郷村記』が編纂された経緯を克明に記している。

第四代藩主の大村純長の時代に始まった編纂は紆余曲折を経て、百八十年後、第十二代藩主・大村純熈の時代の文久二年（一八六二）に完成する。これは純熈公の歴代藩主への篤い孝行の思いがあったからであるとする。

実際に作業を行った編纂者にも目を向け、『郷村記』の最後の作業に当たった稲毛重光と峰潔とは完成者としてその名が残るが、最初の基礎作業を行った安田長恒と村部長英は忘れがちである。しかしその功績は時代を超えて尽きることはないと。

古来よりの治政は民に目を向けることはなかった。大村藩が編纂した『郷村記』は村毎の実情をもれなく調査・記録している。これによって本藩治政の指針が示され、民の利を興し害を防ぐ施策が隅々まで行き渡っていく筈であるとする。そして最後は、このような治政の上に藩財政の収支を見極めると必ず道が見えてくると。大村純熈が『郷村記』の最終編纂を目論んだのは、藩の総生産高を把握し強い財政を築くことであった。飯山は将にその問題に触れて序文を結んでいる。

『正気百首』を著す

大村市歴史資料館所蔵の飯山文庫には、『正気百首』という小型の和綴本が収められている。[98] 松林飯山の弟に当たる松林義規が記した「贈従四位松林廉之助」（『勤王烈士傳』所収）の一文に、飯山の著述には「飯山文存、朱竹坨文選評、正気百首、詩文稿若干巻あり」と記され、ここに「正気百首」が含まれており飯山が著した本であることに間違いない。

巻末の跋文の記名は「飯顆山人漸」とあって、「飯山」の号の間に「顆」「人」を入れ最後は「漸」としている。この「漸」は飯山のもう一つの名前「漸之進」にちなむものであろうか。号をなぜこのように複雑に記したのか不明だが、この変名の号からも『正気百首』が飯山の著であることを推測させる。跋文の末尾には「丙寅妄秋上浣」とあり、その干支から慶応二年（一八六六）七月上旬に著している。

巻頭の序文は「洛西狂生斗山識」とあり、京都洛西に住む人物が記す。原本の本文上に数滴の墨汁が落ちて判読不明な文字があるが、大意として次のような内容である。

嘉永六年（一八五三）のペリー来航以来、江戸幕府は天皇の聖詔にも従わず、民心にもそぐわず失政を続けている。見るに忍びず立ち上がった志士は多くを数え、その中には死を選び、今の世を戒めている。今、幕府に対抗しなければ正気は失われ、幕府に屈することになる。

死んでいった志士達の残した歌は世に伝わり、感慨に涙するものばかりである。今、その歌を編録しなければ、正気ある者達を忘れてしまう事を恐れる。聞き及ぶ一人一首を選んで百首を集め一書となした。名付けて正気百首という。

巻首に御製を収めたのは聖上の御心を拝するためであり、末尾に婦人の歌を置いたのは、男子がこの役を果たすべき事を知らしめるためである。収める歌は高貴な人物のものもあるが、多くは平民の歌であり金玉の作である。誠に正気ある者でなければ、歌の心を共にする事はできない。正気を貴び信じることが、その人の優劣を決することになるのではないか。

このような内容である。ここで再三にわたって使われている「正気」とはどういう意味なのか。これは中国南宋の軍人・文天祥が詠んだ漢詩に由来する。文天祥は南宋が滅んだ後、一二七六年にモンゴル元軍に捕えられ、元のフビライより元国に仕える事を何度も命じられる。しかし文天祥は故国南宋に忠節を尽くすとして断り、『正気の歌』を詠んだ。このような経緯から正気とは忠節の志という意味に解釈される。

この『正気の歌』は多くの人達に読み継がれ、日本でも藤田東湖が「文天祥の正気歌に和す」、また吉田松陰が「正気の歌」という漢詩を作り、いずれも皇統継承の大切さを述べている。飯山もこのような先例に倣い『正気百首』としたのであろう。

序文末尾には、本書は元治元年（一八六四）に編纂にかかり、慶応二年（一八六六）に完成し、その時あたかも長州藩と幕府方との交戦の飛報があったとも記す。まさに慶応二年六月の第二次長州征伐の最中に「正気百首」は生まれた。

巻末には前述のように飯山が「飯顆山人漸」の号で跋文を記し、この書を著したのは京都の友人に贈るためだと言っている。その友とは京都の隠者とするのみで名前は分からない。おそらくこの京都の隠者が序文を書いた人物であろう。最後には自らが百首を選び出すのに精を出し、その歌を選ぶに当たっては個人の事蹟などにこだわった訳ではないと断っている。

このように序文・跋文を通じて この書を誰が作ったのか、幕末混乱期に亡くなっていった志士達の歌を集めたと言いながら、どのような基準で選んだのか明らかにしていない。むしろ序文の作者や和歌百首の選者を隠すような意図さえ窺える。後述のように選んだ百首が、江戸幕府に対する反体制者の歌であったために、世情に警戒しての編録であったようにも思われる。

さて巻頭は序文にあったように、次の孝明天皇の御製に始まる。

御製

うたてやむものならなくに唐ころも
いつまてあたに世をすこすへき

末尾の百首目は女性の次の歌で終わる。

竹下熊雄母

武士のやたけこころのあつさ弓
ひきて返すな名をあくるまて

孝明天皇は江戸時代最後の天皇であった。末尾の竹下熊雄は肥後国玉名の神職の家に生まれ、文久三年（一八六三）の天誅組に加わり大和五条に挙兵し、十津川で病没した。

表(6)　『正気百首』収録の歌の作者と事蹟

	【安政の大獄　】	34	伴林六郎光平	69	柳井健次友政
1	小林民部権大輔(良典)	35	渋谷伊與作	70	原道太盾雄
2	安島帯刀	36	乾十郎興龍	71	田岡駿三郎久恒
3	鵜飼吉右衛門	37	深瀬茂	72	半田紋吉(門吉)
4	梅田源治(雲浜)	38	中垣謙太郎	73	太田為吉(廣田精一)
5	頼三樹三郎(三樹八郎)	39	安積五郎	74	千屋菊次郎考健
6	吉田庥次郎(松陰)	40	竹下熊雄母	75	今枝泰三道矩
	【桜田門外の変】		【生野の変】	76	益田右衛門介
7	佐野竹之助光明	41	平野次郎国清(国臣)	77	国司信濃
8	蓮田市五郎	42	高橋祐次郎		【足利尊氏像梟首】
9	黒澤忠次郎	43	南八郎(河上彌市)	78	三輪田郁太郎
10	杉山弥一郎	44	戸原卯橘	79	諸岡節斎
11	森山繁之助		【天狗党】		【水戸藩士】
12	森五六郎	45	横田藤四郎祈綱	80	林忠左衛門
13	高橋多一郎	46	武田耕雲斎	81	野口正安
14	有村治左衛門兼清	47	武田彦右衛門	82	大津之綱
	【都落ち七卿】	48	武田魁助	83	冨永義道
15	三条中納言実美	49	藤田武雄(小四郎)	84	武田明徳
16	三条西中納言秀知	50	梅村眞一郎道守	85	奥野揚
17	東久世左少将通禧	51	栗田源左衛門	86	岡崎惟彰
18	壬生基修	52	源知新	87	大髙祐武
19	錦小路右馬頭頼徳	53	藤原重孝	88	服部秀正
	【坂下門外の変】	54	直木東平嘉重		【土佐勤王党】
20	平山兵介繁義	55	川上清太郎	89	間崎哲馬弘
21	小田彦三郎朝儀	56	中村俊之介	90	望月亀彌太義澄
22	越智顕三(河野顕三)	57	黒澤理八郎		【その他】
23	黒澤五郎保高	58	沼田亮之介	91	孝明天皇
24	高畠萬三胤正	59	瀧平主殿佳幹	92	大宰帥熾仁親王
25	児島強介草臣	60	森川長吉郎	93	徳川大納言斉昭
26	児島強介母	61	米川文蔵	94	長門守大江定廣
27	川本杜太郎弌	62	塙又三郎重義	95	藤田誠之進彪(東湖)
28	石黒簡齋	63	齋藤好二郎強	96	梁川緯
29	川邊信蔵	64	立花辰之助氏順	97	堤杢左衛門
	【天誅組】	65	砂押忠三郎	98	宮部鼎蔵中原
30	中山侍従忠光		【禁門の変】	99	松尾多勢子
31	藤本津之助眞金	66	川村能登守(秀興)	100	野村望東尼
32	吉村庥太郎	67	真木和泉守保臣		
33	松本謙三郎衡(奎堂)	68	久坂儀助(玄瑞)		

(註) 吉本信之「『正気百首』を読む」一・ニ(『大村史談』65・66号)より作表

二十一歳であった。その母の息子を思う歌で締められている。

収録される百首の多くが、幕末の混乱期に命を落としていった者達の歌である。吉本信之氏はこの百首を翻刻し、作者の事蹟をも明らかにされた。[99] 吉本氏のこの詳細な調査・考証に基づき、歌の作者を幕末の事変毎に整理して一覧化すると表(6)の通りである。

収録の歌は安政五年（一八五八）の安政の大獄に連座した者達に始まる。この大獄で処刑された梅田雲浜と吉田松陰は次の歌が収められている。

　きみか代をおもふこころのひと筋に
　　我身のことはわすれはてけり　　梅田雲浜

　かくすれはかくなるものとしりなから
　　やむにやまれぬ大和たましひ　　吉田松陰

引き続き桜田門外の変（万延元年）、坂下門外の変（文久二年）、天誅組（文久三年）、生野の変（文久三年）、足利尊氏梟首事件（文久三年）、天狗党（元治元年）、禁門の変（元治元年）、

そして文久三年（一八六三）の八月十八日の政変によって都を追われた七卿の内五名も含まれる。その他の項に収めた藤田東湖は幕末の尊皇攘夷の思想的柱となった人物であった。宮部鼎蔵と土佐勤王党の望月亀彌太義澄は、元治元年（一八六四）六月五日の池田屋事件で新撰組に襲われて負傷し自刃した者達である。

文久三年（一八六三）の天誅組には、かつての盟友・松本奎堂がいた。両目を失明し吉野山中で壮絶な最期を遂げる。この奎堂の歌は百首の内、丁度真ん中の五十番目に次の歌を収めている。飯山は何か思うところがあって五十番目に収めたのであろうか。

國のためいのちしにきと世の人に
　かたりつけてよ峯の松風

飯山は『正気百首』の編録に際して、巻末の跋文に「吾は則ち選の精を取りて、必ずしも其の人を問わざるなり」と記していた。すなわち百首を選ぶのに精を出したもののの、作者の資質を問うた訳ではない、作者の事蹟などにこだわった訳ではないと断っていた。

しかし飯山が選んだ歌百首の作者達は、表(6)に示したようにペリーの来航以来、無策となった江戸幕府への対抗者、いわゆる尊皇攘夷の思いをもって行動を起こし、命を落としていった面々であった。その者達の意志を後世に伝えるのが、本書編録の趣旨と「洛西狂生斗山」も序文に記していた。

飯山は明らかに『正気百首』収録の作者達と同じ思想をもっていたからこそ、この百人を選んだのであろう。この百首の編録は元治元年（一八六四）から始められた。元治元年と言えば、その年の十月には大村藩は進むべき道を勤王と公言した年であった。その年から飯山が『正気百首』の編録を始めているのは、この時点で飯山自身も勤王を強く意識していたことが窺われる。

百首の編録には二年の歳月がかかり、完成したのは飯山が暗殺される約五ヵ月前の慶応二年（一八六六）の七月上旬であった。

五教館御成門に誹謗の落首

『九葉実録』によると慶応二年（一八六六）二月十日には、ある行為を諫める次のような藩令が出ている。[100] 意訳すると次のような内容である。

昨子の年には藩主の厚い思し召しによって、藩が存続するために必要と思われる意見があれば、無記名の封書で内訴することを許していた。しかし時折、他人を誹謗する落首（落書き）を行う者がいる。これは心得違いである。今後このような事は無用として捨て置くようにとの沙汰があった。

藩政の中で落首を戒めるという、あまり耳慣れない布達が出ているのである。冒頭に見える無記名で藩政へ意見を述べることとは、元治元年（一八六四）の八月二十七日に出された「言路洞開」のことであり、藩政に対して自由な意見を求めていた。とは言え強訴などの強硬手段や個人に対する誹謗中傷は許されていなかった。しかしこれに反して個人を誹謗する落首を行う者がいたのである。それを禁止し捨て置くように命じたのが先の藩令であった。

ここに言う落首が『臺山公事蹟』に引用されている。[101]その一つは次のもので、五教館の藩主専用の御成門の前に貼られていた。

ほぐろさん、今は御前ものぼりつめ、れんに見とれて居るかひな

「ほぐろさん」とは執政役の大村五郎兵衛の顔にはホクロがあったために、この人物を指している。また文中に見える「のぼり」は渡辺昇《のぼり》を、「れん」は松林廉之助《れんのすけ》（飯山）をそれぞれ意味する。藩内がこの三名に心酔する世情を皮肉った落書きであった。

また次の落首も貼られていた。

唐團扇孔雀尾を振る初旦」

唐團扇《とううちわ》は家老職にあって勤王三十七士の盟主・針尾九左衛門の家紋である。孔雀はその九左衛門《くざえもん》の名前に因むものであり、針尾九左衛門を誹謗中傷する貼り紙であった。誹謗中傷の槍玉に挙げられた渡辺昇は、自分に対するこの落首をどう見ていたのか。自伝の中で次のように述懐している。[102] 臨場感が涌くように原文のまま記そう。

予始メテ取立ノ席ニ就ク　是レヨリ武館ニ於テモ亦予ヲ忌モノ益々多キヲ加フ　偶々俗謡ヲ記シ文武館ノ御成門ニ貼スルアリ　曰ク「ほぐろさん今ハ御前ものほりつめ　れんに見とれて居るかひな」ト　是レ執政大村五郎兵衛ノ面ニ黒子アリ執政常ニ昇廉之助等ノ言ヲ要レ　自ラ事ヲ誤ルヲ諷スルナリ　又「唐團扇孔雀尾ヲ振ル初旦」ノ句アリ　是レ唐團扇ハ針尾ノ紋章　孔雀ハ九左衛門ヲ云フ　其ノ勤王黨ニ倚リテ威ヲ振フ

ヲ云フナリ　以テ人心ノ向背ヲ見ルヘキナリ

自分が五教館治振軒の剣術師士になったことによく思わない者がいて、そういう不満から自らが批判の対象になったのだと言う。また家老の針尾九左衛門が誹謗されたのは、勤王党に偏って羽振りをきかせていることへの批判であったとも述べている。藩内で燻っていた勤王派と佐幕派の対立は、慶応二年（一八六六）の年が明けた二月の頃には、このような勤王派を誹謗する落首というかたちで、一気に表面化するのである。落首を記し貼ったのは、勿論、佐幕派の一味であったことに間違いないだろう。誹謗の対象のもう一人は松林飯山であった。飯山がこの落首について述べた記録はない。落首で誹謗された飯山であったが、世間は飯山のことをどう見ていたのだろうか。その一つに勤王三十七士の盟友であった渡辺清は、東京史談会での供述集『史談会速記録』の中で次のように述べている。[103]

尤も吾々の同志の中に、学問上で支配して居りましたのは松林飯山であって、年齢は若ひが中々學問があって、昔より學校の教授の中でも秀でて居った人です。

飯山は勤王派の中の学問的支柱であったと評している。

松林飯山と同様に城下の上小路に屋敷を構えた福田頼蔵は、飯山が暗殺された日の日記にその死を悼むとともに氏の世評を、

廉之助は当時所行はよろしからぬ評判もあれと、幼少にて奇童の称を得たる敏才にて、今年廿八、九才なるべし。

と記す[104]。頼蔵自身も飯山の行動を批判する風評があったことを認めている。

先の落首にも見られるように、大村藩内に改革派として生まれた勤王三十七士は、当時、誰でもが認める集団ではなかった。国家転覆を謀る危険集団と見るものも少なくなかったのである。その反対勢力の中心人物を、『臺山公事蹟』は安田志津摩と長井兵庫と伝える。両名は新陰流・無念流の剣術指南役であったが、藩政の改革によって武館剣術取立役を罷免されていた。その不満から勤王派に対抗したのだという。

特に長井兵庫が盟主として懇願したのは、「御両家」と言われた大村家の門閥の一人、

大村邦三郎と大村五郎兵衛の嗣子・大村泰次郎であった。この二家は文化十一年（一八一四）までは「家付家老」として代々にわたり家老職を務めた名家である。その結果、総勢二十三名の者達が連判状に血判し血誓を結ぶこととなった。その血判書は大村邦三郎邸に家蔵された。慶応二年（一八六六）の夏のことであった。

『臺山公事蹟』はその二十三名を次のように記す。[105]

大村邦三郎	大村泰次郎	長井兵庫	村部俊左衛門	安田志津摩
安田達三	今村松倫	稲吉正道	隈央	浅田千代治
浅田重太郎	末松弁次郎	富永彌五八	今道晋九郎	中村彌源太
本田外衛	深澤司書	山川丈兵衛	山川應助	筒井五郎治
長嶋唯助	雄城直記	福田清太郎		

松林飯山が暗殺される一年前、慶応二年（一八六六）の大村城下は、このような現状であった。

長井岩雄手記が伝える二派対立の原因

大村藩内でも佐幕派と勤王派の対立があった事を述べてきた。従来の幕藩体制を保って行こうする佐幕派、天皇を中心とする新しい政治体制を目指す勤王派、両派はそれぞれに掲げたこの理念を純粋にもち、その結果して対立したのであろうか。

佐幕派の中心人物の一人とされる長井兵庫は、勤王派との激しい対立の中で処刑され、その家族は流罪となった。家族の内に長男の長井岩雄がいる。岩雄は成人してから当時の大村藩を述懐した手記を残している。[106]そこには両派の対立の元々の原因として、次のような注目すべき記録を伝えている。

第一の原因は、藩主の世継ぎをめぐって甲乙の二派に分かれていたことである。甲派は今や天下が騒がしく、徳川幕府も末期的様相で国内外は多事多難、このような時期であるから年長者で現藩主・純顕公の弟君・純熙公を推す一派である。これに対して乙派は現藩主純顕公の嫡男が藩主を継ぐべきと主張し、武純君を推す一派である。

両派が折衝の結果、まずは歳上の純熙公を世継ぎとし、武純君が成人の暁には同君が藩主に就くという約束で世継ぎがなされた。ところが武純君が十五歳、十八・九歳になっても藩主交代の気配はなく、乙派から異議を申し立てると、天下は益々紛糾しこれからの日本の前途には暗雲が垂れ、幼君では臨機応変に藩内を束ねていくのは困難だと主張し、約束通りの藩主交替がなかなか実現しなかった。
甲派の純熙公を擁立したのが勤王派であり、乙派の武純君を藩主にと主張したのが佐幕派であった。両派の対立はこの藩主世継ぎをめぐる立場の違いが根本にあったと、長井岩雄は記している。
もう一つの対立の原因は、前述したが元治元年（一八六四）十月五日に、藩中枢の役目である元締役の富永快左衛門が何者かによって暗殺されるという事件が起こった。この快左衛門は佐幕派の首領・浅田弥治右衛門の実弟であった。この時の佐幕派の悔しさを、長井岩雄は次のように伝えている。

藩庁はこの事件をほとんど不問に付し、犯人の詮索もせず、ただ不明不明と言って有耶無耶にするだけ。反対派（佐幕派）は激しく叫び攻めたが、一向に効果なく頗る無念、歯ぎしりして自分の腕を握りしめて耐え、ただ時機到来を待つばかりであった。

ここに云う「時機到来を待つばかり」という結果が、慶応三年（一八六七）正月三日の針尾・松林殺傷事件として表出したのである。

長井岩雄はこの両派対立の経緯はどうして知ったのであろうか。父兵庫が処刑された時、岩雄は八歳であった。年齢的に岩雄少年が父親から直接に聞いたとは考えられないし、当時の世情を直接に見て感じ取るにはまだ幼すぎる。

おそらく成人後に母親から聞き取った話と思われる。岩雄少年の母親は、渦中にあった長井兵庫の妻であるから、夫兵庫の行動から、あるいは夫から直接に聞いて藩内の情勢は熟知していたと思われる。長井岩雄の手記によると、兵庫の妻は明治二十三年（一八九〇）に長井家を訪ねてきた勤王派の主流・渡辺昇に対して、勤王方が取った非情な仕打ちに猛烈に反論し、詰問するほどの気丈な女性であった。

とすれば長井岩雄の手記は、当時の藩内事情をかなり正確に伝えるものと考えてよい。後に勤王・佐幕を唱えて両派が対立する。しかしその実態は岩雄が記すように、藩主世継ぎをめぐって純熙擁立派と武純擁立派の対立が根本にあった。それにさらに拍車をかけたのは、武純擁立派の富永快左衛門が何者かによって暗殺されるという事件であった。こうした対立は純熙擁立派が勤王を、武純擁立派が佐幕をという大義名分を唱えて二分化していった、これが勤王派・佐幕派対立の実情であったと思われる。

第七章

松林飯山の暗殺と犯人の探索

松林飯山の暗殺

『九葉実録』六十四巻は慶応三年（一八六七）の正月から記述が始まる。年頭から次のような重大事件を報じている。[107] 原文のまま記そう。

> 正月夜、例ニ依リ城中謡初メノ儀アリ、式畢《おわり》テ各退城ス、賊徒路ニ要シ執政針尾九左衛門ヲ切通ニ傷ケ、松林廉之助ヲ上小路ニ暗殺ス

正月早々に家老職の針尾九左衛門が切り通しに、松林飯山は上小路にそれぞれに襲撃され、九左衛門は大怪我を負ったものの一命は取り留めた。しかし飯山は落命した。城中で行われた年頭の謡い始めの帰路の出来事であった。

この事件を記録した文献には先に引用した『九葉実録』を筆頭に、『臺山公事蹟』、『渡辺昇自伝』、『福田頼藏日記』、池田千万太の『慶

針尾九左衛門屋敷跡（大村市久島１丁目）。
屋敷遺構の長屋門（一部）も 2023 年に解体された。

応三年丁卯日記』などがある。事件当日に記された同時代史料として質が高いのは、『福田頼蔵日記』であり、これにより事件の詳報を改めて見てみよう。同じく原文のまま記す。[108]

三日　はる、

暁起、在宿、いたみ処ありて今宵の御謡初に参り上らず、諸氏退城之節、針尾九左衛門おのが門前にて狼藉者に出逢い、疵をかゝふる、肩より背にかけて十八針ぬひしと云、されど急所をさけたる故に、身つつがなかるべしとのうわさなり。

松林廉之助も退城、おのが隣家の浅田氏の門辺にて狼藉者に出逢、あへなく切倒さる、其まま事切たり、何者の志わさ事にの趣意といふ事を志らず、五十年来此方も及はさる珍事なり、是といふも治窮って乱に入るの前兆とかもみる、廉之助は当時所行よろしからぬ評判もあれと、幼少にて奇童の称を得たる敏才にて、今年廿八、九才なるべし、年を積、巧を重ねたらは文学の業におゐては、近国にならぶ者もあるましく、我小藩にては得がたき儒者なるべきに、おしき事いふかたなし、其身ハ不幸ハいふに及はす一藩の不幸なり。

これを記した福田頼藏は文化二年（一八〇五）に生まれ、事件当時六十三歳であった。頼藏の母の妹にあたる阿仙が大村藩第十代藩主の純昌に仕えて、後の十一代純顕、第十二代純熙が生まれるので、頼藏は幕末のこの両藩主とは従兄弟関係にあたる。

屋敷は飯山屋敷より下手で、上小路より岩船に入った所、現在の旧楠本正隆屋敷の北隣に構えていた。飯山屋敷とは程近いところであるから、この事件の報は直ぐに入った筈である。

事件当日、正月三日の天候は晴れであった。福田頼藏自体は体調不良により、新年の謡い始めの式には参列していない。針尾九左衛門の傷は十八針縫う程であった、また飯山はあえなく切り倒され、そのまま事切れたと、聞こえて来る情報を伝えている。

暗殺現場は隣家の浅田氏の門の辺りとあり、飯山屋敷の下手隣が浅田有右衛門屋敷であるから、自宅をほんの目の前にしての出来事であった。

頼藏はこんな事件は自分が記憶にある五十年来の珍事であり、藩内に争乱が起きる前兆ではないかと案じている。さらには、前述もしたように飯山の世間での不評も入れながらも、その秀才ぶりを述べ、飯山を失った事は一藩の不幸と、飯山の死を悼んでいる。

二人の被害者を目の当たりにした人物の記録として『渡辺昇自伝』がある。この自伝は渡辺昇が明治二十年（一八八七）に欧州世情視察の帰路、船中で回顧記録したものである。従ってこの事件より約二十年が経ち、事件からやや年月が経過しているが、惨状を直接に見た記録として貴重である。意訳すると次のような内容である。[109]

慶応三年丁卯正月三日、例によって城内謡い初めの式があり、士族皆、薄暮れ時より登城し、三更の時刻（午後十一時頃）になってお城を下がった。私も登城した。

夜更けの帰路は冷え込み、帰宅するや父兄と共に酒に燗を付け、囲炉裏を囲み団欒の時を過ごしていると、直ぐに一人の客人がやって来て、北野道春の手紙をもたらした。開けて見て見ると、針尾執政が下城の路上で賊に切りつけたられた、賊が誰れであるか分からない、傷は頗る重いが死亡には至っていないとの知らせであった。（中略）

勤王の同志はこの事変を聞くや、昇にも身の危険が及ぶと察して昇宅に続々と集まってきた。遅れて楠本直右衛門（正隆）がやって来て言うには、松林廉之助にも危害が及び、刀傷は深くすでに息絶えているという。（中略）三人にて針尾家に至ると、針尾は私は決して死なないと言う。（中略）針尾の傷を見ると傷口は頗る深く、北野道春が治療に当たっていた。

続けて松林家を訪ねた。一身両断、刀傷は肩より腰に及び為す術がない。直ちに父親の杏哲翁と会ったが、愁情も見せず意気活発に発談して、平常と変わらなかった。廉之助にはまだ子供がなく、その跡継ぎの話になった。森家に養子に出ている弟の周道を復縁させ跡継ぎにと勧めた。しかし周道は養子先で執拗に働いている、もし帰家したとしても、また何時人の手に斃れるかもしれないと、杏哲老人の返事は重かった。しかし藩の為に賊手に斃れるのは松林家の名誉ではないのか、私共が望んでも得られないことであると昇が述べると、老人は考え直し周道を跡継ぎと決めた。家に帰るとすでに空は明け始めていた。


最後に空は明け始めていたとあるから、昇自伝の記述は正月三日の夜更けから翌四日の明け方にかけての状況である。

天保十年（一八三九）二月の生まれの松林飯山は、慶応三年（一八六七）正月三日、数え年二十九歳でこの世を去った。天保十四年（一八四三）生まれの妻のコマは、この時二十五歳であった。

慶応三年（一八六七）、正月早々に起こったこの事件は、小路騒動、大村騒動などと言われてきた。『臺山公事蹟』では「内輪もめ」という意味から内訌と表現している。当時、この事件を何と呼んでいたのか。

後に詳しく述べるが、この事件の首謀者の一人として長井兵庫なる人物が逮捕・処刑される。その罪は家族にも及び、一家六人流罪となる。この長井兵庫の長男は、幼年期の悲惨な生活を手記として残している事は前述したが、その中でこの事件を「大村騒動」と記している。[110] 事件に関わる人物の表記として貴重であり、おそらく当時はこう呼ばれていたものと思われる。大村城下でおこった殺傷事件、その後の犯人探索などで大騒動となったはずである。そういった意味からこう呼んでいたのであろう。本稿でもこの一連の事件を「大村騒動」と呼び、この呼称を用いていく。

犯人の探索―長井兵庫・雄城直記・隈央―

大村城下の上小路付近で起こった針尾九左衛門の襲撃、松林飯山の暗殺という大村騒動は、城下中を震撼させた。その騒動の様子を『九葉実録』は克明に記している。[111]

これによって、犯人の探索から事件終息までを見てみよう。

事件が夜中であったために、目撃者がなく犯人の探索が難航するなかに、藩の小監察局の外壁に次のような一枚の貼り紙が見つかった。


私邸ニ於テ恣ニ國事ヲ議シ、私ニ浪士ヲ擁シ陽ニ勤王ト唱へ、國家ノ頽敗ヲ顧ミサル者ニ付打チ果ス云々

と記されていた。

勤王派の二人を襲った佐幕派による貼り紙であることは一目瞭然である。佐幕派の主張は、勤王三十七士と集まった者達は、あくまでも私邸において勤王の策を練り、私的に集まった浪士が藩の頽敗を招こうとしている。依って二人を討ち果たしたというのである。佐幕派にとっては、針尾九左衛門、松林飯山らが率いる勤王三十七士は私的に盟約を結んだ者達であり、決して藩を主導する公的な立場ではないとの主張である。これが佐幕派の二人への殺傷事件を起こした理論であった。

探索する側はその貼り紙の書体や文意から、犯人の手がかりを得ようとしたが、な

ぜか稲田東馬が火中に投じて焼いてしまっていた。貼り紙の筆跡や文章からの犯人探索も難しかった。

事件から二十五日が経過した正月二十八日には、藩主大村純熙は城下大給以上の家臣達を玖島城に集め、事件の決着を次のように訓告している。意訳する。

三年前の元治元年（一八六四）の十月に藩の立場を勤王と定め、私的な怨恨による殺傷暴行は禁止しているにも拘わらず、このような事件が発生したのは言語道断、不埒《ふらち》の極みである。命令を聞かずこのような暴行が生じたのは不徳の致すところ、この暴挙が他所へ聞こえるような事があれば恥辱一方ならず、このまま藩主の座に居続けることは祖先の尊霊に申し訳なく、隠退の覚悟であった。しかし家老達の諫言によってやむを得ず専任する事とした。今後は命令を堅く守り一和同心の心構えを以て、藩の行方に喜憂を共にする覚悟が肝要である。かような乱賊には探索を尽くししかるべき処遇を加えるべきである。

藩主純熙自身が、このような事件が起こった事は不徳の致すところとして、一時は隠居の覚悟であったと、深刻な事態を蕩々と述べている。

　犯人探索のために五教館に日夜集まる者は千人にも及び、探索隊を十三隊に分け日夜巡廻・探索にあたった。父子兄弟といえども互いに疑い怖れるほどであった。

　二月二十二日に事態が動いた。『福田頼蔵日記』の慶応三年（一八六七）二月二十三日の記録がその事態を伝える。[112]昨日、すなわち二月二十二日に長井兵庫、沢井源八郎、富永弥五八、鈴田左門、稲吉正道が逮捕された。この者達は正月三日夜に針尾と松林を襲った輩という。この五人に加えて一瀬衛守もこの一味であったが、事前に暇乞いをして大村藩領西北端の平島に渡っていたので、捕らえに行ったとも記している。

『九葉実録』は長井兵庫の逮捕に至る経緯を記している。[113]

　渡辺昇は事件後のある日、藩主に従い長崎の大村藩邸に出向いた。そこで渡辺は藩邸役人の浜田弥兵衛に、この頃、長井兵庫が長崎に来て藩内での事件を話さなかったかと尋ねると、長井は正月四日の未明に大村を出て長崎に来たので、事件は知らないと語ったという。ところが長井はその一日前に長崎郊外の式見村に立ち寄って、村横目の林左兵衛に昨夜起こった城下での事件を話していた。このことが渡辺昇の耳に入る。式見では針尾・飯山の殺傷事件を語りながら、翌日の長崎では事件は知らないと言ったちぐはぐな発言に嫌疑がかかり、逮捕されるに至った。

もう一人その行動が不審に思われた若者がいた。福田清太郎である。福田は犯人探索の十三隊に加わっていた。当時、賊党に情報が漏れることを警戒して、十三隊員の出入りは厳しく監視されていた。その最中に福田は父親が病気のためと、監門に休暇を願い出る。許された福田はその足で医者の稲吉正道を訪ねて、数刻の間、密談に及んでいる。

福田が接したこの稲吉正道は、犯人探索隊からは要注意人物とされていた。その人物との密談、そして福田の父親に尋ねると、父親は病気ではなかった。このような合点のいかぬ言動から福田清太郎は厳しい詰問を受けるが、一晩熟考してから述べると即答を避ける。ところが深夜に渡辺昇に自白するに至った。針尾九左衛門を襲ったのは隈央《くまなかば》であり、福田自らも付き従ったという。そして松林飯山を切ったのは雄城直記だとも証言した。

さらに福田清太郎が言うには、渡辺昇をも狙撃するはずだった、永嶋只助、山川應助、筒井五郎治が狙撃する機会を狙ったが、ついにその機を逸したのだという。

『福田頼藏日記』には、福田が飯山暗殺の下手人と語った雄城直記らの逮捕のことが記される。[114] 事件から二ヵ月半が経っていた。次のような内容である。

三月十八日、その日は朝から曇り、午後から晴れた。嫌疑が掛かっていた村部俊左衛門、安田与惣左衛門父子、今村松倫、中村弥源太は午前中に揚屋《あげりや》（牢屋）に入ることを命じられた。先日には村部俊左衛門二男の筒井準太郎、弟の今道晋九郎、雄城五郎左衛門嫡子の直記、山川丈兵衛、福田反左衛門倅の清太郎も、正月の殺傷事件に関与したとして揚屋に入った。二月二十三日に揚屋入りを命じられた人数と、この度の人数を合わせると、歴々の士分二十六名を数える、御家始まって以来聞いた事もない変事である。

特に哀れなのは雄城直記である。歳は二十三、四歳になるだろうか、その身に覚えた罪のためか、本人の望みからか揚屋の中で着物の襟を引き裂いて縄となし、首をくくって自殺した。その死骸は塩蔵にして牢中に埋め置かれたという。父母の愁悼を察するばかりである。

この雄城直記の最期については、『九葉実録』も首をくくって死亡し、その遺体は塩漬けにしたと記し、『福田頼蔵日記』と一致する。さらには『福田頼蔵日記』の雄城直記の部分には貼り紙があり、次のような内容が記されている。

直記の死骸を塩漬けにした農夫から聞いたが、処理をした屠児が言うには、直記の膽《きも》は今まで見たことがない大きさだったという。直記と親しかった者達は、直記の平常人と異なるところを口々に語った。昔からの言い伝えの如く生死の境に臨んで心気が動じない者は、生まれながらに膽が大きいからだと思われる。直記の大膽も使う所を換え善事に用いれば、見るべきところもあり、惜しいばかりである。

福田頼蔵は雄城直記の自殺、その後の遺体処理を記しながらも、直記の両親への思いを述べ、直記自身についても別の道を選んでいたらと惜しみ、その行動を責める筆法ではない。

さてこの雄城直記とはどういう人物であったのか。系図3にも示したが、雄城家系図（『新撰士系録』十三巻所収）によると、雄城左膳惟馨の長男に雄城五郎右衛門直記という人物が見える。この直記は文政十年（一八二七）に五教館の表生となっている。表生には個人差もあるが十八歳頃からの入学であるから、内訌があった慶応三年（一八六七）の時点では、五十歳後半の年齢であったと思われる。

しかし飯山を暗殺した直記は、本経寺過去帳によれば二十六歳であった。とすれば五十歳を過ぎた五郎右衛門直記とは年齢が合わない。この「五郎右衛門嫡子」に彌十郎という人物がいる。福田頼蔵は雄城直記を「五郎左衛門嫡子」と記していた。ここには「右衛門」と「左衛門」の違いがあるが、おそらく福田頼蔵が五郎右衛門を五郎左衛門と誤記したもと思われる。そうすれば五郎右衛門直記の嫡子・彌十郎も父親名の「直記」を襲名し、雄城直記と名乗っていたのである。

この彌十郎は嘉永七年（一八五四）に五教館表生となっているから、慶応三年の時点では二十歳代後半の年齢と推測され、年齢的にも一致する。この人物こそが、飯山暗殺の下手人として逮捕された雄城直記である。

直記は、『新撰士系録』中の雄城家系図によると、無念流の剣術に優れ立切試合の功績によって裃や褒美金を賜っている。父親の五郎右衛門は食禄百石取りの上級家臣であり、直記は恵まれた家系に生まれ育った。

この雄城直記と暗殺された飯山とは、実は縁戚関係にあった。系図(3)に示したよう

系図(3)　雄城直記と松林飯山妻との姻戚関係

- 雄城左膳惟馨
  - 五郎右衛門直記
    - 彌十郎（直記）（松林飯山暗殺）
  - 女（A）

- 片山勘治徹孝
  - 女　雄城直記妻
  - 女　伊達勇吉妻
  - 三右衛門徹義
  - 千三郎　小佐々仙之助養子
  - 女　村瀬杏菴喜和妻
  - 女　松林飯山妻

（註）雄城五郎右衛門直記の妹（A）は浅田弥治右衛門の妻

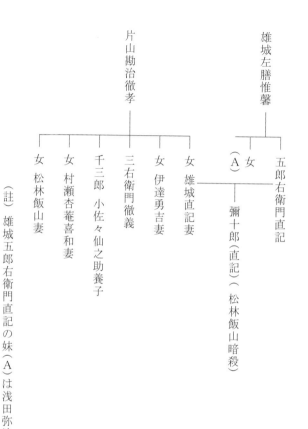

に飯山の妻の長姉が雄城五郎右衛門に嫁ぎ、その間に生まれたが直記であった。飯山の妻からすると姉の子供、すなわち甥、飯山の義理の甥にあたる。

飯山とこういう関係にある一方、直記の父の妹（A）は佐幕派の首領であった浅田弥治右衛門の妻となっていた。浅田弥治右衛門は直記の義理の叔父であった。この叔父の影響を受けたのであろうか、佐幕派に加わり、無念流の腕っ節の強さから飯山襲撃の役が回ってきたのであろう。

もう一人、福田清太郎の証言よって針尾九左衛門を襲撃したという隈央とは、どういう人物だったのか。父親は隈外記包氏、知行三百石取りで城代などを務めた上級家臣である。屋敷は大村湾に面した前船津にあった。

この隈外記には二人の息子がいた。後掲の表(7)の大村藩大村騒動処罰者一覧でも記したが、No.（9・24）の隈央と隈可也である。『新撰士系録』八巻上所収の隈家系図では豊之進と近之進に当たる。弟の近之進が央であり、文久二年（一八六二）に藩命によって無念流剣術の稽古に励んだ。兄の豊之進が可也であり、自得流砲術を学び、久留米槍術の免許皆伝も得ている。兄弟揃って武芸に長じていた。その弟が針尾九左衛門の襲撃役となったのである。

処刑三十一名に及ぶ

長井兵庫らが逮捕された二月二十二日から三月十八日迄の間、様々な探索によって逮捕された者は二十六名に及んだ。

三月二十日の『福田頼蔵日記』には、佐幕派の要とされた御両家の大村邦三郎と大村泰次郎の自決（切腹）を伝える。[115] 両家とも代々家付家老を務めるほどの門閥家に対して、ことに渡辺昇は佐幕派に加担した責任を問うたのである。『九葉実録』には二人の辞世の歌を収めている。[116]

今更にこころの底をかへり見れハ
　味方と思ふ人そ仇なる
　　　　　　　　大村邦三郎

悔ゆるとも又悔ゆるとも及なし
　はやき心の事そ恨めし
　　　　　　　　大村泰次郎

ただ『福田頼蔵日記』に収める大村泰次郎の辞世はやや異なり、次のように伝えている。[117]

悔ミても又くやミても及びなし
　心のさきの事をおもふに

福田頼蔵は大村泰次郎の切腹より四日後の三月二十四日に記している。『九葉実録』は後世の編纂物であるから、後者の歌を大村泰次郎の辞世の歌とすべきだろうか。

この後、大村藩は大村騒動に関わる罪状として次の六項目を掲げ[118]、関係者を次々と逮捕していく。

一、首謀者
二、刀を取り実際に決行した者
三、一味徒党に加わっていた者達
四、一味徒党に加わらずとも、事前に暴行を感知して徒党内部へ加担するような言動を行った者
五、一味徒党ではないが、反乱者の内部から暴行者の氏名を聞きながら、犯人探索に従事する一方、私情に溺れて犯人名を包み隠した者
六、右の項目に該当する者の家族

事件の首謀者、決行者、その徒党の一味、そして徒党以外の者で一味に加担するような言動を行った者、犯人名を知りながら隠蔽した者、そしてこれらの者達の家族にも罪状が及んだのである。

表(7)　大村藩大村騒動処罰者一覧

	氏　名	履　歴（没年 役目 知行石高等）
1	大村邦三郎	29歳 3月20日切腹 佐幕派の盟主 知行846石 門閥御両家の当主
2	大村泰次郎	21歳 3月20日切腹 佐幕派に加盟 御両家当主大村五郎兵衛（知行1040石）養子
3	長井兵庫	40歳 5月17日没 治振軒取立役 知行50石 松林飯山と針尾九左衛門殺傷の指揮
4	村部俊左衛門	59歳 5月9日没 後機者頭 知行75石 妹は浅田弥治右衛門の三妻 娘は楠本正隆の妻
5	安田志津摩	64歳 5月10日没 新陰流剣術師範 知行40石
6	安田達二郎	31歳 5月10日没 安田志津摩の子
7	今村松倫	47歳 5月10日没 医師 知行20石 妻は浅田弥治右衛門の妹
8	稲吉正道	年齢不詳 5月10日没 侍医 知行80石 今村松倫の従兄
9	隈央	26歳 5月10日斬首 隈可也の弟 針尾九左衛門襲撃犯とされる
10	浅田千代治	38歳 5月10日没 浅田弥治右衛門の弟
11	浅田重太郎	27歳 5月10没 浅田弥治右衛門の嫡子
12	末松弁次郎	年齢不詳 5月9日斬首 操練方手伝
13	富永弥五八	年齢不詳 5月9日獄門 知行83石余
14	今道晋九郎	24歳 5月9日斬首 村部俊左衛門の弟
15	中村弥源太	32歳 5月10日没 脇備大砲支配 硝石方並精錬方用掛 知行30石 後妻は本田外衛の妹
16	本田外衛	年齢不詳 5月9日斬首 出納方 知行100石
17	深澤司書	29歳 5月9日斬首 深澤儀大夫の末裔 二十騎馬副 知行30石
18	山川丈兵衛	51歳 5月10日斬首 村方吟味役 知行25石 妻は浅田弥治右衛門の妹
19	山川応助	24歳 5月10日斬首 丈兵衛の子 渡辺昇暗殺未遂犯の一人
20	筒井五郎治	24歳 5月10日斬首 槍術仕立 兄筒井準太郎は知行116石 渡辺昇暗殺未遂犯の一人
21	長嶋唯助	31歳 5月10日没 米穀方年番 知行10石 渡辺昇暗殺未遂犯の一人
22	雄城直記	26歳 3月18日自殺 松林飯山を暗殺 父直記の知行100石 叔母は浅田弥治右衛門妻
23	福田清太郎	21歳 5月19日切腹 五教館監察福田友左衛門の子 針尾九左衛門襲撃犯の一人
24	隈可也	29歳 5月10日没 父の外記は城代・旗本番頭・知行300石
25	深澤繁太郎	年齢不詳 5月9日斬首 三妻は浅田弥治右衛門の娘
26	一瀬衛守	43歳 5月10日没 武術家 知行26石余
27	今道琢磨	年齢不詳 5月10日没 二十騎馬副 槍術に長じる 知行50石 姉は安田志津摩の妻
28	鈴田左門	年齢不詳 5月10日没 先手取次役 槍術に長じる 知行71石 妹は一瀬衛守の妻
29	松添唯助	年齢不詳 5月10日
30	村田徹斎	49歳 5月27日没 服毒自害 蘭方医 知行30石
31	荘新右衛門	36歳 7月17日没 側用人兼長崎用掛 武用方 知行60石 父は家老江頭官大夫

外山幹夫『もう一つの維新史－長崎・大村藩の場合－』より作表
№1～23は、慶応2年夏の佐幕派血判盟約者

外山幹夫氏はこの罪状に触れた者達を、『福田頼蔵日記』『酔生片々』『郷村記』『本経寺過去帳』『長安寺過去帳』『新撰士系録』『九葉実録』によって精査し、その履歴を明らかにした。[119]それに基づき逮捕処刑された者達は表(7)と通りである。この内で(No.22)の雄城直記については、外山幹夫氏の記述には誤記があるので修正して収録した。

事件に関わったとして処刑された者は三十一名に及んだ。『九葉実録』[120]と『福田頼蔵日記』[121]によると、五月九日と十日には罪が軽い者は牢内で斬罪となり、罪が重い者は放虎原の刑場で処刑された。この両日に処刑された者は二十四名を数える。『九葉実録』慶応三年五月九日の条には、その刑場の様子を「観者蝟集隣藩モ亦之ヲ聞テ来観スルモノ多シ」と記す。すなわち処刑を一目見ようと一時に多くの人々が集まり、隣藩からもこの処刑を聞き付け見物にやってくる者が多かったというのである。両日とも雨の降る中での処刑であった。

先に勤王三十七士に対抗して、慶応二年(一八六六)の夏には大村邦三郎を初めとして二十三名の者達が佐幕派としての血判盟約を結んだことを述べた。その二十三名は表(7)によるとNo.(1)からNo.(23)の者達であり、すべての者が罪を問われ処刑されている。

また処刑された者達の個々の縁戚関係を見ると、父子・兄弟・従兄弟関係にある者が十名、そして佐幕派の頭領としてすでに失脚していた浅田弥治右衛門の弟・嫡子など、同家に関わる者が七名に及んだ。

当の浅田弥治右衛門は、『福田頼蔵日記』慶応三年（一八六七）五月九日の記録中に「知行被召上、池島に流罪」と記される。しかし弥治右衛門の墓地は池島ではなく、西海市松島の正定院の墓地内に現存する。その墓石正面には「譲徳院正譽源道閑翁居士」の戒名が記され、左側面には没年の「明治十八年旧八月十八日卒　浅田閑翁墓」、左側面には「西彼杵郡黒口村　旧家来中　明治廿七年七月十三日建之」と、墓石建立の由来が刻銘される。

浅田弥次右衛門の墓（右側）西海市松島

墓碑銘には「浅田弥次右衛門」との名前はないが、地元では弥次右衛門の墓所と言い伝えられてきたので間違いないだろう。墓碑銘からすると松島での晩年には、浅田閑と名乗ったようだ。このように浅田弥次右衛門の墓所が松島に存在することから、その配流地は池島ではなく松島であった。福田頼蔵が配流地を池島と記すのは誤記である。

墓碑銘によると、浅田弥次右衛門は明治十八年（一八八五）旧八月十八日に、この松島の地で生涯を閉じた。明治維新から十八年間、どんな思いでこの地で晩年を過ごしたのであろうか。墓石は没後九年が経過した明治二十七年（一八九四）旧七月十三日に、外海の黒口に居住したかつての家臣達によって建立されている。浅田弥治右衛門の食禄二百十二石の内、約四十石の知行地が黒口村にあったので、その縁故の者達が弔ったのである。

この墓所内には明治二十二年（一八八九）旧十一月八日に、七十八歳で亡くなった俗名チマの墓もある。墓石は明治二十七年旧七月二十五日に、森マチと浅田サクによって建てられているが、弥治右衛門の墓石建立から十二日後の建碑である。おそらく弥次右衛門の妻の墓と思われる。さらに浅田代次郎（大正九年八月十日没・六十九歳）、浅田次男（明治二十八年四月二日没・二歳）の両名を祀る墓碑もある。

浅田家系図（『新撰士系録』五上下巻所収）によると、弥次右衛門には重太郎正綏と大次郎との二人の息子があった。重太郎は表(7)大村騒動処罰者一覧のNo.11に登場し、慶応三年五月十日に処刑されている。

松島に残る「代次郎」と記される墓は、用字は異なるものの二男の大次郎の墓と思われる。墓石の没年と没年齢から嘉永五年（一八五二）の生まれで、大村騒動当時は十六歳であった。父・弥次右衛門と共に松島に流罪となり、大正九年（一九二〇）に六十九歳で亡くなっている。

もう一基の墓碑の明治二十八年（一八五九）に二歳で没した浅田次男は、年齢から推測して前記の浅田大次郎の息子と思われる。弥次右衛門からすると孫に当たる。そうすると、松島の浅田家墓所には、佐幕派の統領と目された弥次右衛門、妻のチマ、二男の大次郎、孫の次男と、三世代四人が眠っていることになる。浅田弥次右衛門への罪状は、定めのとおりにその家族にも及んだことが改めて分かるのである。

慶応三年（一八六七）の正月早々に起こった事件は、『臺山公事蹟』によるとその年の六月初旬には事件の処理が完了し、藩内の人心は鎮静化した。それに伴い藩主大村純熈は、犯人の探索に当たった文武館の諸隊士に、次のような内容の褒詞を与えている。[122] 意訳して示す。

去る正月の変動以来、日夜にわたり苦心と不安の中に寝食し、一同の盡力を以て今日の穏静を得たことは、祖先の尊霊に対して聊か申し訳の廉も立ち、満足している。今後も益々に忠誠を励み、永く盤石の安らぎを共にしていければ大慶とするところである。心の内の万分の一を表し褒詞を授ける。

藩主純熙はここでも事件が解決できた事は、祖先の尊霊に対して申し開きができると述べている。事件発生後の正月二十八日、城下大給の家臣達に事件の早期解決を訓示した中にも、純熙はこのまま藩主の座に居続けることは、祖先の尊霊に申し訳ないと述べていた。藩主純熙の心中には常に「先祖の尊霊」があり、自らの行動が先祖の尊霊に照らして叶っているのか問い続けている。

佐幕派から仕掛けたとされるこの内訌は、幕末の大村藩に何を残したのであろうか。『臺山公事蹟』では、この事件を次のように総括する。[123] 意訳して示そう。

この内訌は未曾有の惨禍であったが、鎮静後は藩内上げて士気は面目一新し武士も諸民も藩主純熙公の高い志を体し、心一つにして勤王の大義を高め維新の業に加わることになった。当藩は小藩でありながら赫々たる勲功を挙げたのは、不幸中の大幸であり、兇刃に遭った針尾九左衛門と松林飯山の流血は、我が藩の一面を染めた汚点を洗浄一掃して千載不朽の名を輝かすこととなった。我が藩が払った大きな犠牲、その種はむなしく枯れたのではなく、より大きな収穫を溢れるほどに得たと言っても良い。

この大村城下での殺傷事件は、大村藩が勤王としてさらにまとまる大きな契機となった、「不幸中の大幸」であったと位置づけている。これを記す『臺山公事蹟』は大正九年（一九二〇）に編纂され、事件より五十三年が経過しているが、もうこの当時には勤王三十七士の生存者はいない。当時、旧藩内には事件を「不幸中の大幸」する評価が存在したのであろう。

処罰家族への課罪─長井兵庫家の場合

藩は小路騒動に関わる六項目の罪状を挙げ、その結果三十一名の者を処罰し、その責めは家族にまで及ぶとしていた。

針尾と松林との襲撃を指揮したとされる長井兵庫の家族にも、罪は及んだ。長井家にはその詳細な記録が残る。家族に罪が及んだ一例として、この長井家の実情に目を向けて見たい。もうすでに何度か引用してきたが、長井兵庫の長男・長井岩雄が書き残した手記が、悲惨な生活を克明に伝えている。[124] 当の本人長井兵庫は慶応三年（一八六七）五月十七日に処刑された。四十歳であった。長井岩雄手記によると、その後の家族の行く末は次のような具合であった

慶応三年（一八六七）五月某日夜、数人の役人と親戚、中村某という者達がやって来て、母、祖母との面談は数刻に及び、祖母は極めて能弁に議論していた。後でわかったことだが、居宅開け渡しの交渉であった。長井屋敷は小姓小路にあった。

五月十七日、家族全員、大村町の浦より小船に乗せられ、伊の浦の瀬戸を過ぎ翌日に蛎之浦という島に着いた。現在の西海市崎戸町蠣浦である。すなわち長井家はこの島に島流しとなったのである。一家は兵庫の母・叔母、妻、男児一人、女児二人の六名であった。兵庫の妻は次女を出産して産後十数日であった。後に手記を記すことになる岩雄少年は、安政六年（一八五九）の生まれで当時八歳であった。

長井一家に与えられた家は、六畳の間と土間があるだけ、野外の台所に野天の便所であった。その場所は『崎戸町の歴史』によると蠣浦郷二一四四番地と伝える。[125] かつ

てこの一帯は遠島谷と呼ばれ、島流しになった者達が暮らす谷あいの場所である。

江戸時代を通じてこの地は、罪を犯した流人の配流地であった。例えば宝暦十一年（一七六二）六月には川棚の農民一太郎は、巡見使の指示に従わなかったとしてこの地へ流罪となった。[126] 文化年間（一八〇四～一八一八）には賭博の罪で彼杵の政五郎、今富の政五郎、また臼島の材木を私的に流用した前船津の田中甚蔵と、いずれもこの島に配流となっている[127]

島での生活の場は六畳一間、今までとのあまりの違いに、岩雄少年はかつての城下・小姓小路での暮らしぶりが懐かしかった。父親の兵庫は武官の頭梁であり、家来の武士達が交代で屋敷の掃除にきていた。門弟用人（会計係）・若党・下男・下女等、三十人程の使用人がいた。父の役目は警衛兵隊巡査隊のようなものであったという。

ところが今の生活は、母一人で毎日山に入って落葉を拾い食事の支度をし、また母は機織や島民のできない裁縫などをして、少しの現金収入を得るという具合であった。しかし段々と島民とも親しくなり、魚や野菜を貰うことも多くなってきた。そういう中に祖母はこの地で憤死した。

島に来てからその祖母が常に口にしていたのは、歴史上では順徳天皇が佐渡島に、後醍醐天皇が隠岐島に流罪となった例がある、武家に生まれた以上は、世情の変遷によってこのような事もある、悲しむ事ではないと、常に岩雄少年を訓育したという。

九歳となった岩雄少年は、蛎浦村横目役の屋敷にはよく出入りするようにもなり、時にはご飯のご馳走にもあずかった。村横目が日用品を携えて、長井家の粗末な住まいを訪ねることもあった。源右衛門という武士の家には、姉と共に手習いに通い可愛がられたという。このような生活を見ると、流人といえども決して閉ざされた生活ではなく、島民との付き合いは自由に許されていたのである。

ただ一度、一人の祖母（父の叔母）が、生活費を工面するために島を出て旧領地の下岳村を巡ったことがあった。この事が後に発覚して、蛎之浦村の庄屋から大目玉を喰った。流人が島外に出ることは許されていなかったからである。

ある時、外国船が蛎之浦に碇泊し修繕することがあった。島民に混ざって岩雄少年も見物に出かけると、船長は大男で立派な服を着ていた。数人の異国の船員も大きく、その髭と目の色には大変驚いた。岩雄少年はこの船に乗って外国に渡ることを夢見たとまで記している。

この外国船の碇泊中に一人の若い武士がやって来て、祖母と談話する内にこの外国船の船長を斬り殺しに行くと言い出した。祖母は斬ったところで何らお国のためにもならず、お身の上にも相当の罰がくる、それだけではなく色々と面倒な事になると諭すのである。岩雄少年はこの経緯を側で聞いていた。外国人を排斥する攘夷思想が、この地にも及んでいたのであろう。

明治四年（一八七一）の廃藩置県により大村藩が解体されると、流人としての罪が解かれ島を出ることが許された。その時の喜びを長井岩雄は次のように記している。

余時に齢十一、大手を振って蛎之浦を辞したり。その時、嶋民諸君数十名、見送りくれたり。其の同情今に銘肝す。特に大書して謝すべきなり。余等を遠嶋者とせず、名家の後裔として歓待してくれたる諸君に対して、満腔の謝意を表す（長井岩雄手記）。

四年間にわたる島での生活であった。長井家は旧領地の大村湾内海の下岳村に住むこととなった。岩雄少年は十二歳の時に、母から大村騒動によってこの島に流罪となった事を聞いたと記している。とすればこの島を去った後に流罪となった訳を知ったのであろうか。

下岳村での生活は旧家臣の川本菊三などの援助があったものの、島同様に苦しく、唯一の収入は母の裁縫と機織りからの僅かなものであった。そのような中、岩雄少年に就学の機会を与えてくれる人達がいた。父兵庫の従者であった一瀬恒左衛門、その娘婿で八木原小学校の数学の教師・河野氏、同小学校校長の北村政治、地元の妙教寺の日澄上人である。この人達の援助により妙教寺の小坊主を務めながら、八木原小学校に学んだ。医者を目指すことを告げると、大村藩の侍医であった田中周徳の門に学ぶこと二年に及んだ。

晩年の長井岩雄
（小野寺慶子氏提供）

明治十五年（一八八二）に転機が訪れる。区の選挙生として長崎医学校に入学が叶うのである。同校の同窓会名簿によると、その年の前期生として入学している。前期生は十九名、後期生二十二名、当時この四十名ほどが、医学生として受け入れる人数であった。

入学後に郡区制の改革によって、学資給付の打ち切りという思わぬ事態が生じたものの、先の河野氏と日澄上人の多大な援助によって無事に卒業することができた。
卒業後は地元で軍医官を務めた後、東京日本橋に長井小児科養生院を開業した。明治三十六年（一九〇三）からドイツのフンボルト大学に留学し、医学博士号を取得している。
その間、明治二十三年（一八九〇）頃に大村選出の国会議員と渡辺昇が、東京の長井家を訪ねることがあった。慶応三年のあの事件以来の再会である。長井岩雄の口から突いて出たのは、思わぬことに両氏に対する次の様な感謝の言葉だった。

私幼少の時、則ち城下在住の頃は始終腹下しばかり患い、屡々《しばしば》危篤の症状に陥りしと聴く。さて蛎之浦へ島流しされしより第一食物不足、日々空腹ばかりの日を送る中、一年二年と経ち、何時かその胃腸の病症も忘れたり。減食のため全快し、今日両君の尊顔を拝するところまでこぎつけたるは、取りも直さず、両君等が私を島流し処分されたお陰であり、この通り御礼申し上げる（長井岩雄手記）。

側でこの話を聞いていた母が、さらに追い打ちをかけて口火を切った。

私は長井家に嫁ぐ時、三段歩の田地（在日向平）を自分の化粧田として持来ました。この田地は元々長井家の田地ではなく、全然私自身の所有地であります。それを「おまはアがた」が取り上げる筈はなかでしょう。あるとすればそりゃひどすぎます。好い機会にお目にかゝりましたから、どうぞ元々通り私の田地として返して下さるようお願申します（長井岩雄手記）。

この母の詰問に対して、渡辺昇からは「それは私等がした事でもなし、又今日は大村藩なるものはない。今更どうとも致し兼ねる」とシドロモドロの返答であった。

その後長井岩雄は、明治二十六年（一八九三）の両陛下銀婚式御挙行を好機と判断し、内務省・宮内省・大蔵省の知己の高官に掛け合い、長井家を初めとして大村騒動で絶家となった十五家の復族禄請願書を明治政府に提出する。幸いに大村伯爵家よりも添書が得られ、同年八月に長崎県庁より士族復旧の許可が下るに至った。汚名が晴らされたのである。

昭和十一年（一九三六）、幼い日の四年間を過ごした蛎浦に、七十七歳となった長井

長井岩雄が寄進した浅間神社の「敬神」の額

岩雄の姿があった。喜寿を記念し改めて島民への感謝を込めての来島であった。その標として幼い頃よく遊んだ浅間神社に「敬神」と記した額を奉納している。その裏書きには島民への感謝の意を記すが、一節には次のようにある。

玄界洋の一孤島を以て生を為す。頼なし、郷民の扶助ありて餓寒を免る。指を屈する事七十年、恍として一夢の如し。乃ち恭しく敬神の二文字を書し、社頭に掲げ以て賽を報じ、茲に昔日郷民諸子の恩を謝せんと言う。

長井岩雄はこれより三年後、昭和十四年（一九三九）に八十歳で生涯を閉じた。

長井岩雄が流罪となった蛎浦には、実は松林飯山も幼い頃に過ごしたことがあった。父・杏哲がこの島で医者を務めたからである。岩雄少年が在島当時に、飯山の事を知っていたかは不明だが、後に飯山について次のように述べている（長井岩雄手記）。

由来大村は西國の一端に偏し、古来一大偉人輩出せず、徳川末葉の時も世界の大勢に通じ、泰国の書を讀み、かの国情に通じたる者一人もなし。かの松林飯山の如き所謂漢学者にして詩文の一小才子、勿論世界の大勢に通ぜざることは、かの詩文を見ても知るべし、又今日残れる史実を見ても所謂政治家にあらず。

長井岩雄の飯山に対する評価は非常に厳しい。岩雄自身、ドイツのフンボルト大学に留学し、外国語も堪能であったし、世界的視野をもつ長井岩雄からすれば、井の中の蛙に見えたのであろう。飯山を酷評している。

飯山の妻コマのその後

松林飯山の妻は前述のように片山勘治徹孝の四女であった。明治以降の戸籍簿によ

中島（松林）コマ
（中島俊人氏提供）

ると、[128]天保十四年（一八四三）二月四日に生まれ、飯山死亡時には二十五歳であった。飯山殺害の犯人と伝えられる雄城直記は、前にも触れたように松林コマの長姉の息子、すなわち甥に当たる。その雄城直記とは当然、面識もあったであろう、夫が自らの甥に暗殺されるという事態をどう受け止め、その後どのような人生を送ったのであろうか。

西大村に住んだ中島儀八の戸籍簿によると、飯山の妻コマはこの中島儀八の継母として記録される。すなわち明治十七年（一八八四）十月十九日に、儀八の父・中島小太郎の後妻として入籍している。中島小太郎という人物は文政三年（一八二〇）八月十三日に井石茂一の二男として生まれ、天保十年（一八三九）三月十一日に中島戸四郎の養子となり、その年の六月十五日には跡目を相続している。

中島小太郎は『郷村記』によると、食禄二十五石余の城下大給の藩士であり、現在の大村市杭出津二丁目の辻田、正法寺前の屋敷に住んだ。先妻のアサが明治十一年

（一八七八）に他界し、本人も明治十七年（一八八四）三月二十六日に隠居している。従ってコマ婦人が後妻に入ったのは、中島小太郎の隠居後、七ヵ月程が経った頃である。小太郎六十五歳、コマ四十二歳であった。

コマ婦人は飯山が亡くなってから、中島家に後妻に入るまでの十七年の間、どのような暮らしをしていたのか。戸籍簿には中島家に入籍した際の記録が、次のように記されている。

明治拾七年十月十九日 仝縣西彼杵郡亀ノ浦村士族片山勘治四女入籍

これによるとコマ婦人の実家である片山家は、明治以降は城下久原の屋敷を離れ、西彼杵半島内海の亀ノ浦に移り住んでいる。大村藩時代の片山家の食禄は約百五十四石であるが、その内には西彼杵の中山村と宮浦村に約二十八石の知行地があった。この両村の直ぐ隣村が亀ノ浦であり、おそらく明治後の片山家はかつての知行地を頼って西彼杵に移住し、亀ノ浦に住んだのであろう。

その片山家の四女として中島小太郎の後妻に入っているから、コマ婦人は夫君飯山の死後は実家の片山家に戻り、亀ノ浦に住んでいたものと思われる。そして四十二歳の時に中島小太郎の後妻となって片山家を離れるのである。

西大村杭出津に晩年を過ごしたコマは、明治四十五年（一九一二）三月十二日に夫の小太郎を見送り（九十二歳）、大正三年（一九一四）十二月十六日に七十二歳で亡くなった。本経寺墓所（大村市古町二丁目）の中島家墓地に眠る。

写真は中島コマの五十六歳の頃、晩年の姿を伝えている。

第八章

松林飯山の追悼

松林飯山の墓所

慶応三年（一八六七）正月三日に二十九歳で亡くなった松林飯山は、大村城下の町墓の最頂部に墓所が設けられ埋葬された（大村市須田ノ木町）。大きな自然石の表面には、「飯山松林先生墓」と記され、墓碑の左脇には墓誌碑が建てられている。墓誌碑は飯山が亡くなった二年後の明治二年（一八六九）九月に建立され、碑文は朝長誠が撰し、北村政治の書である。

朝長誠は朝長熊平とも名乗り、本稿でも度々した。嘉永五年（一八五二）には共に江戸の安積艮斎塾に入門し、その後は幕府の昌平黌に学んだ飯山とは同門の仲であった。文久元年（一八六一）に飯山らが大坂堂島に雙松岡を開塾した際には、丁度、大村藩大坂蔵屋敷詰めであり、雙松岡に用いる借家の世話、塾の運営にも協力した人物である。飯山を熟知した五歳年上の人物であり、勤王三十七士の一人でもあった。

その朝長誠の撰文を揮毫した北村政治は、北村杢太郎ともいった。飯山より一年遅れて嘉永六年（一八五三）に安積艮斎塾に入門している。前述もしたが江戸では書家として著名な市河米庵の弟子・小島成齋に書道を学び、帰藩後は五教館の習字師となった。飯山は文久二年（一八六二）に『郷村記』の序文を撰するが、その撰文を浄書したのもこの北村政治であり、大村藩を代表する書家である。

こうして飯山の墓誌は、生前から親交の深かった両名の手に成った。撰文を草した朝長誠は、大村藩勤王三十七士の碑によると、墓誌建立後程なく明治三年（一八七〇）一月一日に没している。

撰文の内容は飯山の出自に始まり、藩主御前での漢書の素読を機に五教館入学、先公に陪従しての江戸遊学、安積艮斎塾・昌平黌への入学、京阪への三年間の遊学、帰藩後の藩政への参画、大村騒動での落命と犯人探索と、本稿で述べてきた事が記されている。末尾には門人達がすぐに墓碑を建立する事を望んだが、飯山が亡くなった慶応三年（一八六七）は戦乱が激しく果たせず、この時、明治二年（一八六九）九月に至ったと、そして飯山先生の事蹟を不朽に伝えるためだと結んでいる。

一点不可解なのは、飯山の没年年月日を「慶應二年丙寅正月初三の夕」と記す点である。飯山を熟知した朝長誠が、なぜ慶応三年を慶応二年と誤ったのであろうか。朝長誠は飯山の墓誌銘の建立から三ヵ月後には亡くなっている。推測の域を出ないが、飯山事蹟の撰文を草する頃には、すでに体調不良に陥っていたのではないか。そのために没年を間違ったと考えざるを得ないのである。

松林飯山の墓（大村市須田ノ木町）

松松林飯山の墓所から出土した硯と印鑑

長文に及ぶ碑文は、百五十年余を経過した今日、肉眼で読み取るのは困難である。

ただ横瀬貞の著した『近世名家碑文集』には、「飯山松林先生墓碑銘」として収録されている。[129] 同書は明治二十六年（一八九三）の発刊であるから、それ以前に横瀬貞は飯山墓誌碑を実見し読み取っているのである。

現在、大村市須田ノ木町に建つ松林飯山の墓は、県道大村外環状線が旧墓域に及んだために、平成二十年（二〇〇八）十二月に西側に約五メートル移設され今日に至っている。その移設発掘調査の際に墓壙から硯と印鑑が出土した（上写真参照）。

飯山が日頃愛用した遺品である。

京都霊山の松林廉之助碑とその外の松林飯山顕彰碑

京都市東山区の清閑寺霊山町には、明治維新で命を落とした志士達の墓所がある。霊山官祭招魂社由緒略記によると、明治元年（一八六八）五月十日付の太政官布告によって、嘉永六年（一八五三）より明治初年までの殉難忠烈の士の諸霊が、京都東山の招魂社に祀られた。その境内の山手一帯に造られた霊山墓地には、招魂社に祀られた志士達の墓所も建てられた。この墓所には千三百五十六名の志士達が眠る。

京都霊山の松林廉之助之碑

墓所の最頂部には、近江屋事件（一八六七年）で暗殺された坂本龍馬と中岡慎太郎の墓所がある。その下手には「松林廉之助碑」と記された松林飯山の顕彰碑が建っている。顕彰碑は正面を除き、左右の側面と裏面には松林飯山の事蹟が記されている。本文は渡辺昇が撰し、大村藩最後の藩主・大村純熈の揮毫になる。渡辺昇の撰文は明治十年（一八七七）

七月三十一日付になっているので、この顕彰碑建立もこの時期と考えて良いだろう。
碑文内容は、今まで述べてきた松林飯山の事蹟の範囲を超えるものではないが、末尾に同碑の建立について、次のように記されるのは注目される。

今ヤ同志ノ士ト君ノ碑ヲ建ントスルニ、旧友高知縣士彌太郎岩寄氏、此感ヲ同ウシ共ニ霊山ニ登リテ、地ヲ松本藤本等ノ墓畔ニシテ之ヲ祭ラントスルニ當リ、古今ヲ懐古シテ觸感ニ禁エス

この飯山の碑建立に当たっては、土佐藩の岩崎彌太郎が賛同して、霊山のこの墓所に足を運び場所を定めたという。結果として碑の場所は、天誅組の義挙で命を落とした松本奎堂と藤本津之助の墓所近くに建てられた。特に松本奎堂とは昌平黌、雙松岡と共に激動の時代を生きてきた友であった。

現在、この飯山の碑を一見すると石碑のように見えるが、立石の表面には全体にセメントが塗られ、そこに碑文が印刻されている。建立された明治十年にはこういう立石の工法があったのである。ただ建立から百四十五年程が経過した今日、台石と立石

の接合部分に剥落が見られ、一部の文字にも摩耗が及ぶ寸前である。
大村藩という小藩で起こった幕末内紛の犠牲者・松林飯山が、京都霊山に全国の志士の一人として祀られ、顕彰されたのは、当時、大阪府知事の役職にあった渡辺昇の働きによるものだろう。

この廉之助顕彰碑墓域の南側には霊明神社が鎮座する。幕末期から志士達の葬儀を神道式で行ってきた神社である。当神社には明治五年改『祭典記』という故人の神道祭祀の記録が現存し[130]、その明治十一年（一八七八）一月三日の条には、松林飯山に関わる次のような記録がある。

明治十一年一月三日　十時祭典之
祭主　大坂知事公渡辺昇殿　　齋主村上都平
同　福岡縣令渡辺某　渡（マヽ）殿　　助勢森田正康
松林廉之介神霊ヲ祭ル

顕彰碑建立の翌年、明治十一年（一八七八）の一月三日に渡辺清・昇兄弟によって松林飯山の御霊祭が行われている。一月三日は飯山が暗殺され亡くなった日であるから、飯山の命日祭の意味を込めて祭りが行われたのであろう。渡辺清については「渡辺某」

表(8)　松林飯山顕彰碑一覧

No.	碑　名	建立場所 建立年月日／建立者	
1	松林廉之助碑	京都市東山区清閑寺霊山 明治10年7月31日／渡辺昇	正面銘は大村純熙書
2	松林廉之助漸神霊碑	大村市玖島2丁目 護国神社 明治15年2月／渡辺昇 北野道春	再建
3	三七士 松林漸之進碑	大村市玖島2丁目 護国神社 明治36年	勤王三七士碑1基目
4	松林飯山祖父母の墓	久留米市御井町 大正2年9月／末次四郎	正面銘は犬養毅書
5	松林飯山生誕地の碑	福岡市西区羽根戸 昭和4年4月14日／斎藤議(ただし)	正面銘は大村純英書
6	松林飯山遭難の跡碑	大村市玖島2丁目 昭和7年4月／一瀬勇三郎	飯山暗殺現場に建つ
7	斃而復起の碑	大村市古町1丁目 本経寺門前 昭和11年／飯山会	松林飯山70年祭記念
8	雙松岡の跡碑	大阪市福島区福島1丁目 昭和18年5月1日／楠本長三郎	平成26年 5月18日再建

としてその脇に「渡」と記されるが、是は明らかに「清」の間違いである。

神前へのお供えも神酒、御饌、鏡餅、鯛、鯉、鴨、ツグミ(小鳥)、昆布、浅草、ミル、大根、芹、ハジカミ(生姜)、山葵(ワサビ)、柿、蜜柑と多品目が供えられた。祭祀料として齋主の村上都平には「金八百匹」、助勢の森田正康には「金弐百匹」が支給されている。その外に人足二人を動員しての祭典であった。

この御霊祭の前年明治十年(一八七六)七月に松林飯山の顕彰碑が東山霊山に建立され、その一連の流れの中で、翌年には前記の命日祭が霊明神社で行われたのであろう。

飯山に関わる顕彰碑は東山霊山の外に、大村市内に四基、福岡県に二基、大阪市に一基存在する。一覧化すると表(8)のとおりである。

京都霊山の碑を筆頭に八基もの顕彰碑が建立されたことになる。飯山の生涯は二十九歳と短命であったにも関わらず、飯山への追慕の念は、明治・大正・昭和と生き続けたのである。

岡鹿門の大村来訪と飯山墓所への墓参

かつて飯山と昌平黌で共に学び、その後大坂で雙松岡をも共に開塾した岡鹿門は、飯山と松本奎堂とが明治の代を見ずに他界したのに対し、大正三年（一九一四）まで存命した。鹿門のかつての盟友・飯山と奎堂に対する思いは非常に篤いものがあった。

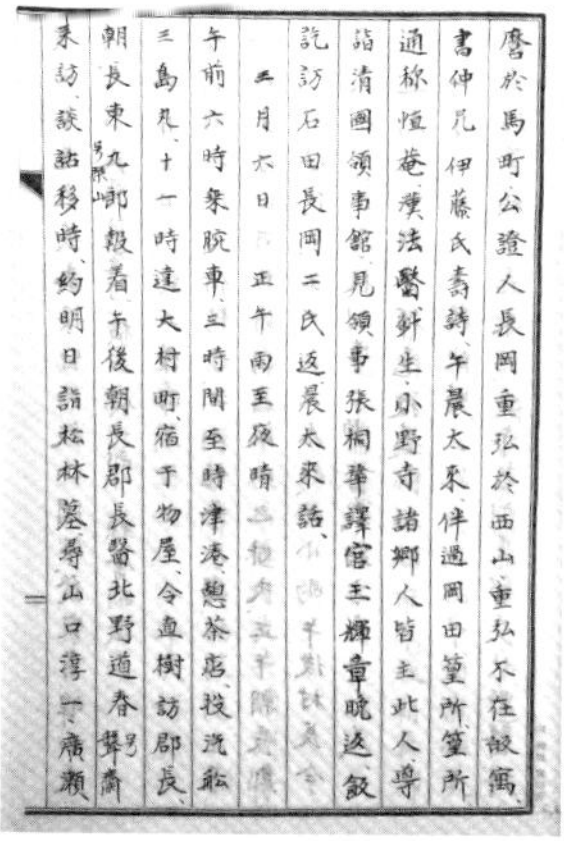
麿於馬町公證人長岡重弘於西山、重弘不在、設寓、
書仲凡伊藤氏壽詩、午晨太來、伴過岡田篁所、篁所
通称恒庵、漢法醫斜生、小野寺諸郷人、皆主此人導
諳清國領事館、見領事張桐華譯官王輝章、晩返、飯
訖訪石田長岡二氏返、晨太來話、
二月六日　正午雨至夜晴
午前六時乗腕車、三時間至時津港、憩茶店、投汽船
三島丸、十一時達大村町、宿于物屋、令直樹訪郡長、
朝長東九郎（号眠山）般着、午後朝長郡長、醫北野道春（号彝齋）
来訪、談話移時、約明日詣松林墓、寿山口淳一、廣瀬

岡鹿門日記
（東京都立中央図書館所蔵）

岡鹿門の日記が明治二十五年（一八九二）から同三十一（一八九八）年までの分が現存している[131]。それによると、明治二十六年（一八九三）

には、天誅組の義挙で戦死した松本奎堂の最期の地、吉野を訪ねて弔ったことは前述した。翌二十七年(一八九四)には遂に大村の地を訪ねて、飯山の墓参を果たすのである。鹿門の日記によって大村来訪の詳細を見てみよう。

明治二十七年(一八九四)三月六日、正午雨夜晴、朝六時に長崎を人力車で出発し、走ること三時間、時津の港に到着した。ここで汽船三島丸に乗り換え、大村に着いたのは午前十一時頃であった。干物屋という旅館に入り、郡長の朝長東九郎に来訪の旨を伝えると、郡長と北野道春が早速に訪ねてきた。明日、飯山の墓参をこの両名と約束した。この日に山口淳一、広瀬俊一、今道直英という飯山の門弟達、また長崎県議会副議長の横山寅一郎がやって来た。

岡鹿門が投宿した干物屋は、明治三十三年(一九〇〇)発刊の『九州鉄道旅行案内』に大村の旅館として松島屋、干物屋、松屋、増田屋が紹介されているが、その一つであり、本町にあった。

翌七日、八日、九日の三日間は朝から諸人が鹿門の宿を訪ねてきて、飯山の墓に参るどころではなかった。七日、霧雨、朝からは鹿門の門弟の義弟という淵山龍平や、飯山の妹の夫・福田百松、正午には朝長郡長・北野医博・児玉安兵衛等が尋ねて来て、

「小酌」と記すから内輪での宴が設けられた。午後からも訪ねる者は途切れず、村長の今道俊八郎、小学校訓導の一瀬前義、緒方嘉貞、松義一郎と続いた。体調は「疲れ甚だし」と記す。

八日、午後快晴、この日も朝から緒方嘉貞が訪ねて来て、歓迎会を開くというのである。参会者は朝長郡長、北野医博、児玉安兵衛、山口淳一、緒方嘉貞、広瀬俊一、今道直英、福田百松、渋江一郎と、十名が集っての招宴が石橋亭で開かれた。鹿門は「酒・肴は極めて美し」と記している。

ここに見える招宴場所の石橋亭も、先の『九州鉄道旅行案内』に紹介されている。「料理店の重なるものは石橋屋、開き屋、指進亭、文明館」とあって、筆頭に挙げられているから、大村を代表する料理屋であったのだろう。

明治三十一年（一八九八）一月二十日に早岐～大村に鉄道が開業するが、その時の祝賀会が行われたのもこの石橋亭であった。同年一月二十二日付『鎮西日報』は、階上階下共に席が設けられ、宴は無限に続き閉会したのは午後九時頃であったという。岡鹿門大村来訪の四年後のことである。この料亭の場所は不明ながら、後述するが飯山の父・松林杏哲によって内田川に架かる鶴亀橋は、板橋から石橋に架け替えられる。その石橋に隣接したために石橋亭と言ったとも思われる。とすれば現在の鶴亀橋の近くにあったのであろうか。

九日、晴れ、北野道春、会津の人・黒河内八十記の外に四名の訪問があり、いずれも揮筆の所望であった。この日は今上陛下（明治天皇）のご成婚二十五年目の大婚祭の日にあたり、大村の町は人々の往来が絶えることなく賑わっていた。午後四時に散会し、市中を巡った。

大村来訪の四日目、三月十日、この日は晴れ、ようやく飯山の墓参が叶った。午後から緒方嘉貞、福田百松、今道直秀の面々と飯山の墓を詣でた。年来の願いを叶えることが出来た。緒方氏宅で休憩した後、旧城跡の大村神社を参拝した。北野国手・医博の招待の宴に出て、宿に戻ったのは十一時であった。この日には国会議員の朝長慎三の来訪もあった。

翌十一日、夜より雨、午後全晴れ、長崎に戻るべく、朝食後に朝長郡長に挨拶に訪ねると酒肴が出され、対酌するうちに北野国手がやって来て、共に会飲すること午後二時に及んだ。宿に戻ると、緒方嘉貞と広瀬俊一が訪ねてきて、鹿門の出発と聞き送別の宴を開くという、朝長郡長からももう一泊と促され、結局、一泊延ばすこととなった。

三月十二日、朝小雨、朝から揮筆、北野国手、緒方、今道、松田、朝長郡長、山口の諸氏が別れを惜しみ訪ねて来た。住の江丸で時津を経由して、長崎に戻ったのは午後三時であった。

岡鹿門の大村滞在は、三月六日から十二日までの七日間であった。その間に鹿門の許を訪れた大村人は延べ四十五名を数える。鹿門の大村来訪は初めてであったにも関わらず、連日これだけの人々が鹿門を訪ね、五度の酒席に招かれたのは、著名な学者として大村の地まで鹿門の名声が聞こえていたからであろう。加えて松林飯山と雙松岡を開いた人物として親しみがあったのであろう。

多くの大村人の歓待の中に、明治二十七年（一八九五）三月十日に岡鹿門は、念願の松林飯山の墓参が叶ったのである。

父・松林杏哲の鶴亀橋架橋

松林飯山の父・松林杏哲は、飯山が大坂での雙松岡を閉じ、京都の家里松崎宅に身を寄せていると、飯山の病気を気遣いわざわざ大村から迎えに上京したこともあった。

文久元年（一八六一）、杏哲五十七歳の時である。

ここには息子を気遣う父・松林杏哲の姿があった。父親・杏哲は、その墓碑銘から文化二年（一八〇五）の生まれであることが分かる。飯山が暗殺された時には、すでに六十二歳の老境に入っていた。将来を嘱望された長男を失い、どういう晩年を過ごしたのであろうか。

志田一夫氏は、御厨文一・藤戸元太郎・田中貞磨・浜田悦郎の三氏からの聞き取りとして、松林杏哲の行動を、

> 明治初年、自費三百両を投じて鶴亀橋を石橋に架け替えた。その時に大村牢の石材を利用した橋脚は、今も橋の両脇に残して立ててある。

と記している。[132] 志田氏にこの話しを伝えた御厨氏外三名は、昭和の戦前戦後を通じて郷土史家として活躍した人達である。杏哲による架橋のことは、こういった郷土史家によって語り継がれてきていたのであろう。この架橋のことは記録としては存在しない。

ただ長崎県の橋梁史を年表的に記した『f2長崎1』によると、[133]

一八七六－十　鶴亀橋　大村市　L＝19　b＝3.6　石橋

一九五二年三月　架け替え　L＝18.1　b＝6.5　RC橋　施工・亀山組

と記され、ここに鶴亀橋が登場する。一八七六年（明治九）十月に橋長十九メートル、幅員三・六メートルの石橋として架けられたことが分かる。その後一九五二年（昭和二十七）三月に亀山組の施工により、橋長十八・一メートル、幅員六・五メートルの鉄筋コンクリート橋に架け替えられた。

　松林杏哲が造ったと伝えられる鶴亀橋は、前記の明治九年十月に懸けられた石橋のことと思われる。志田一夫氏は架橋の年を明治初年としているが、明治九年（一八七六）のことであった。

　杏哲による架け替え前の橋は、『郷村記』によると草場川板橋と呼ばれ、長さ十間半（十八・九メートル）、横二間六寸（三・八メートル）あった。この橋は要害の場所であったために以前より板橋であったという。

大村武純男爵の葬列が通る鶴亀橋（昭和５年）

杏哲はこの板橋を石橋に架け替えたのである。以前の板橋と杏哲が架け替えた石橋とは、その寸法において橋長約十九メートル、幅員三・六メートル〜三・八メートルとほぼ変わらない規模であった。杏哲が懸けた石橋は前記の記録によると、昭和二十七年（一九五二）まで実に七十六年間にわたり、本町と片町を結ぶ重要な橋として多くの人々が通行・往来した。

上に掲げた写真は、藩主家大村家の分家である大村武純男爵の葬列である。片町方面からの葬列は鶴亀橋を渡り、本町方面に向かっている。昭和五年（一九三〇）のことである。とすれば、ここに写る鶴亀橋は松林杏哲が架け替えた橋である。明治九年（一八七六）の架橋から五十四年が経過していた。橋脚には石

鶴亀橋に使われていた石柱（左：南側、右：北側））

柱が用いられ、橋両脇には石製と思われる欄干が設置された堂々たる構えであった。橋脚に使われた石柱が、志田氏が言う大村牢の石材にあたるものと思われる。この石柱の内二本（部分）が現在でも本町側と片町側鶴亀橋両脇に保存されている（上写真参照）。

　また志田氏は架橋費用を三百両と伝えているが、写真で見る鶴亀橋の構えからすると相当な費用を要したであろう。高価な費用を出しての杏哲の架橋の意図は記されたものはないが、長男・松林飯山は暗殺されたものの、この大村の地で世話になったことへの感謝の気持ちを表したものと思われる。

　鶴亀橋の架橋から十五年後の明治二十四年（一八九一）二月十二日に、松林杏哲は八十五歳でこの世を去った。その妻、飯山の母親・松子も、後を追うように同年十二月一日に亡くなっている。八十一歳であった。墓所は松林飯山の同じ墓域に造られ、松林信義、松林信義室松子とそれぞれに刻されている。

松林杏哲には四人の子供がいたが、末子の常作、飯山の弟に当たるが、成人して松林義規と名乗った。この義規は飯山の遺稿集とも言うべき『飯山文存』を明治十一年（一八七八）九月に出版し、兄飯山の文筆を後世に残した。

大正十四年（一九二五）十月二十一日付で飯山の弟・松林義規とその子供・義之の両名より、松林飯山の蔵書が大村家に献納された。その後、同蔵書類は大村家史料として一括して大村市立史料館に寄託されたために、当館では「飯山文庫」として整理収蔵した。現在この「飯山文庫」は、長崎県立図書館内に新設された大村市歴史資料館の所蔵となっている。

（了）

あとがき

現在の大村市歴史資料館の前身である大村市立史料館は、昭和四十八年（一九七三）に開館した。その嘱託の専門員として勤務したことがある。開館四年後の間もない頃であり、当館では未だ所蔵史料目録が作成されていなかった。当時の松尾照美館長から史料目録の作成を命じられ、収蔵庫に眠る文書・記録約七千点との悪戦苦闘が二年間に及んだ。所蔵史料の筆頭は何と言っても藩主大村家の文書・記録である。その中に飯山関係の記録が含まれていたことは本文中でもふれた。

松林家から大村家に寄進された当時は二百九十一点あったようだが、史料館に引き継がれたのは九十点である。この分は他の大村家史料とは混ぜず、「飯山文庫」として別個に整理した。主に飯山が幼年期から読んだ漢籍類が多く、一冊一冊に読了した時の年齢が、四歳・五歳・六歳と丁寧に奥書されていた。これが飯山史料との出会いであった。あまりの綿密さに、いつかは『松林飯山』を書いてみたいと思っていた。

それから三十五年ほどが経った平成二十八年（二〇一六）に、長崎文献社企画の長崎偉人伝の一冊として松林飯山執筆の依頼を戴いた。とうとうその時が来たと喜びながらも、当時、ライフワークの『長崎の伊勢信仰』の執筆に忙殺されていた。一段落していよいよ筆を起こそうと思ったら、新型コロナウイルスである。各施設での史料閲覧が制限され、思うように進まない、そういう状況下で始まった。ちょうど、コロナの時期三年間を要し、思い出深い執筆となった。

執筆に当たっては、飯山文庫を所蔵する大村市歴史資料館をはじめ、今治市河野美術館、鹿島市民図書館、東京都立中央図書館、京都東山の霊明神社、安積艮斎顕彰会事務局の伊藤和氏には、史料の閲覧・調査では大変お世話になった。中島俊人氏からは松林飯山の妻・コマ夫人に関する貴重な史料を提供戴き、故外山幹夫氏（長崎大学教授）、及び京都在住の吉本信之氏の先行研究からは大変な學恩を頂戴した。またこのたびの出版のお誘いを戴いた長崎文献社、特に編集人の堀憲昭氏、改めて関係の施設・各位に篤く御礼を申し上げる次第である。

令和五年（二〇二三）七月二十二日

久田松　和則

松林飯山年譜（年齢は数え年）

年号	西暦	年齢	事項
文化四	一八〇七		松林杏哲（松林飯山父）、筑後久留米藩の府中に生まれる。
文化八	一八一一		森松子（松林飯山母）、森周庵の妹として大村藩宮村に生まれる。
天保一〇	一八三九	1歳	二月　松林杏哲の長男として筑前国早良郡羽根戸に生まれる（旧説）。実は鈴川源右衛門（鈴田村住）と中浦村住の「なか」との間に出生。
一三	一八四二	4歳	「大邑板之浦」（大村藩瀬戸村板之浦）に居住し『論語』を読む。
一四	一八四三		二月四日　飯山の妻コマ、片山勘治の四女として大村城下下久原に生まれる。
		5歳	『論語』一巻～十巻を読了
一五	一八四四	6歳	『孟子』一巻～十四巻を読了。『中庸章句』を読み始める。
弘化二	一八四五	7歳	『中庸章句』『詩経』を読了。
四	一八四七	9歳	父松林杏哲、蛎浦村の間医となるに伴い、蛎浦村に移住（現・西海市崎戸町）。
嘉永三	一八五〇	12歳	大村藩主大村純熈に謁見し、漢書を読む。俸禄一口を賜る。五教館に入学
五	一八五二	14歳	五教館での就学を終える。藩主御前において講義する。
			三月六日　前藩主大村純顕に従い参勤交代、江戸に到着
			四月八日　江戸の安積艮斎塾に入門。大村藩士の富永小次郎・朝長熊平も入門。

嘉永六	一八五三	15歳	アメリカ東インド艦隊司令長官ペリーの浦賀来航に伴い、『孫子』を読む。
安政三	一八五六	18歳	「豊太閤論」を著す。幕府の学問所昌平黌に入学。
四	一八五七	19歳	七月十三日、大野孝孫と共に日光の旅に出る。七月二十一日帰着
五	一八五八	20歳	昌平黌の詩文掛となり、月二回の詩文会を取り仕切る。
六	一八五九	21歳	三月　大村に帰郷　五月一日　馬廻役に取り立てられ、俸禄六十石を賜る。五教館祭酒にも任じられるが、五月十日に辞退を申し出る。屋敷を上小路に賜る。
万延元	一八六〇	22歳	八月　京都・大坂に遊学する。
文久元	一八六一	23歳	十月十七日　京都に松本奎堂、岡鹿門と再会する。
			十月二十日　京都三条大橋で和宮降嫁の行列を目の当たりに見る。
			十一月十一日　松本奎堂、岡鹿門と共に安治川（淀川）沿いの一軒家を借り、開塾の準備をなす。
			十一月十七日　播州明石で書画展を三日間開く。開塾の資金を得る。書画展の折、河野鐵兜が塾の名前を「雙松岡」と発案し、看板に塾名を揮毫、この看板を掲げて雙松岡開塾。
二	一八六二	24歳	一月十九日　本田精一、老中安藤信正襲撃を雙松岡に伝える（坂下門外の変）
			四月三十日　雙松岡閉塾、父松林杏哲、病の飯山を心配し迎えに京都に赴く。
			七月　大村へ帰郷、五教館祭酒に任じられる
			九月　『郷村記』序文を撰する。
三	一八六三	25歳	八月八日　大村藩主大村純熙、長崎総奉行に任じられる。

文久三	一八六三	25歳	九月二十五日　盟友の松本奎堂、天誅組の義挙に失敗し、吉野山山中で落命（33歳）。
			十二月　大村藩勤王三十七士の盟約結ばれる。松林飯山加わる。
元治元	一八六四	26歳	八月　大村藩内に言路洞開の布達が出され、藩政への言論が許される。
			九月　大村純熙、長崎総奉行を辞する。
			十月五日　佐幕派の中心人物、元締役の富永快左衛門、就寝中に惨殺される。
			十月二十四日　大村藩の国論を「勤王」と定める口達が出る。
			十一月二十八日　五教館教務の合間に藩庁政務をも命じられる。
慶応二	一八六六	28歳	二月十日　松林飯山・渡辺昇を誹謗する落首が、五教館御成門に貼られる。
			七月『正気百首』を著す。
			夏　勤王三十七士に対抗し、大村邦三郎・大村泰次郎を主に二十三名、佐幕派の血誓を結ぶ。
三	一八六七	29歳	一月三日　城中での謡始の帰路、自宅前で暗殺される。
			二月二十二日　大村騒動の首謀者として長井兵庫逮捕される。
			三月十八日　松林飯山暗殺の疑いで雄城直記逮捕される。
			五月九・十日　大村騒動の加担者・二十四名、放虎原刑場で処刑される。
			六月初旬　大村騒動鎮静、大村藩主、犯人探索に当たった諸隊士に褒詞を与える。
明治二	一八六九		九月　松林飯山の墓碑、須田ノ木に建立。
九	一八七六		十月　飯山の父・松林杏哲、内田川に架かる鶴亀橋を架け替える。

一〇	一八七七		京都市東山の霊山墓所に「松林廉之助」の顕彰碑建立される。
一一	一八七八		一月三日　京都東山の霊明神社において、渡辺清・昇兄弟、松林飯山の御霊祭を行う
			九月　松林飯山の弟・松林義規、『飯山文存』上下を出版。
一七	一八八四		十月十九日　飯山の妻・松林コマ、中島小太郎の後妻として入籍。
二四	一八九一		二月十二日　飯山の父・松林杏哲没する（85歳）
			十二月一日　飯山の母・松林松子没する（81歳）。
二七	一八九四		三月六日～十二日　松林飯山の盟友・岡鹿門、飯山墓所墓参の為に大村来訪、大村人諸氏と交わる。
大正三	一九一四		十二月十四日　松林飯山の妻・コマ没する（72歳）

補註

1 富永覺『松林飯山傳補遺』一〇頁（青泉社　昭和三一年）
2 早稲田大学中央図書館 特別資料室貴重書庫所蔵　架蔵番号 チ〇六 〇三八九〇 二八六
3 大村市歴史資料館所蔵大村家史料 飯山文庫　架蔵番号　九六三―一〇
4 朝長重敏「松林飯山異聞」（『大村史談』一三号　大村史談会　昭和五二年）
5 専念寺（大村市中里町）のこの過去帳は、昭和五十年頃に朝長重敏氏が調査した頃は存在したが、現在は所在不明。
6 大村市歴史資料館所蔵大村家史料 飯山文庫　架蔵番号　九六三―五
7 前掲『松林飯山補遺』六～一六頁
8 『飯山文集』第一編「松林飯山先生々誕地記念碑々文」中所収（勝岡廓善　昭和一二年）
9 大村市歴史資料館所蔵『渡辺昇自傳』三～四頁　架蔵番号 O―五〇二―一二　同自傳にはいくつかの写本が伝わるが、本自傳は表紙に「吉崎」の捺印があり、吉崎家によって手写され保存されてきた写本と思われる。本稿ではこの吉崎本を用いる。
10 松井保男『大村藩校 五教館小史』四三頁（私家版　平成二年）
11 一瀬前義「五教館の思出話」（『長崎県教育史』上巻　一五二～一五五頁　長崎県教育会　昭和一七年）
12 『安積艮斎門人帳』（安積艮斎顕彰会　平成一九年）
13 久布白兼武『原應侯』四〇頁（原忠一　大正一五年）
14 近藤啓吾『古書先賢』七～一〇頁（拾穂書屋蔵版　昭和五七年）
15 東京都立中央図書館所蔵、請求番号　特四七四。東京大学史料編纂所所蔵　請求番号　四一二六―二四
16 森銑三『松本奎堂』（中央公論社　昭和五二年）
17 前掲『原應侯』六九～七〇頁
18 岡鹿門『在臆話記』三〇～三一頁（『随筆百花苑』第一巻所収　中央公論社　昭和五五年）、以降『在臆話記』の引用はこの中央公論本による。

19 『在臆話記』三〇頁（『随筆百花苑』第一巻）
20 『在臆話記』四八頁（『随筆百花苑』第一巻）
21 『在臆話記』四〇頁（『随筆百花苑』第一巻）
22 宇野量介『鹿門岡千仞の生涯』六六～六八頁（岡広　昭和五〇年）
23 前掲『原應侯』八七頁
24 『飯山文集』第二編　九四頁（勝岡廓善　昭和一二年）
25 『在臆話記』一三九頁（『随筆百花苑』第一巻）
26 鍋島直彬『夢物語』佐賀県鹿島市民図書館所蔵　架蔵番号 書冊一〇五
27 『再発見 鹿島の明治維新史』六〇頁（鹿島市　二〇一八年）同書によると、松林飯山は鹿島を度々訪れ、その際には八沢仲安屋敷を定宿とした。また山口竹一郎・八沢彰四郎・河原倹吉が五教館に入学した。
28 〔仮称〕松林飯山日光紀行文　河野美術館所蔵　架蔵番号 五五―七五五
29 大村史談会編『九葉実録』第五冊　一七三頁（大村史談会　平成九年）以後、同書の引用は大村史談会編本による。
30 似田達雄「大村騒動後書き」三三頁（『大村史談』一〇号　大村史談会　昭和五〇年）
31 『九葉実録』第五冊　一七四頁
32 前掲『大村藩 五教館小史』四九～五〇頁
33 『長崎県教育史』上巻　一三九頁（長崎教育委員会　一九四三年）
34 『大村郷村記』第一巻　一六一～一六二頁（国書刊行会　昭和五七年）
35 『在臆話記』六〇～六六頁（『随筆百花苑』第二巻）
36 『在臆話記』七二～七三頁（『随筆百花苑』第二巻）
37 『大川便覧』安政五年増補再刻　大阪府立中之島図書館所蔵　架蔵番号 大和銀文庫二三七
38 『在臆話記』七四～七五頁（『随筆百花苑』第二巻）
39 川添純雄「雙松岡塾跡碑と大村藩蔵屋敷跡碑の建立奮闘記」（『大村文化』第三〇号　大村文化協会　平成二七年）
40 『在臆話記』七七三頁（『随筆百花苑』第二巻）
41 『在臆話記』七七～七九頁（『随筆百花苑』第二巻）

42 『在臆話記』八五頁（『随筆百花苑』第二巻）
43 『在臆話記』八七頁（『随筆百花苑』第二巻）
44 『飯山文集』第二編　一一一頁
45 『在臆話記』八七頁（『随筆百花苑』第二巻）
46 『在臆話記』九二頁（『随筆百花苑』第二巻）
47 『在臆話記』八五頁（『随筆百花苑』第二巻）
48 『上海雑記』（『幕末明治中国見聞録集成』第一巻所収　ゆまに書房　一九九七年）
49 前掲『飯山文集』第二編　四二頁
50 『在臆話記』九三頁（『随筆百花苑』第二巻）
51 『在臆話記』九二～九三頁（『随筆百花苑』第二巻）
52 『在臆話記』八〇・九六頁（『随筆百花苑』第二巻）
53 『在臆話記』八〇頁（『随筆百花苑』第二巻）
54 『在臆話記』九七頁（『随筆百花苑』第二巻）
55 『在臆話記』九八頁（『随筆百花苑』第二巻）
56 『在臆話記』九七～九八頁（『随筆百花苑』第二巻）
57 『飯山文集』第一編　七九頁
58 『在臆話記』九八頁（『随筆百花苑』第二巻）
59 前掲『鹿門岡千仞の生涯』所収「岡千仞年譜」
60 『九葉実録』第五冊　一〇四～一〇五頁
61 『九葉実録』第五冊　一八〇～一八一頁
『臺山公事蹟』六二～七〇頁（大村芳子　昭和六〇）
62 『九葉実録』第五冊　三三〇～三三三頁
63 『臺山公事蹟』七〇～七一頁
64 『九葉実録』第五冊　一一九頁

65 『臺山公事蹟』七〇～七一頁
66 『臺山公事蹟』七二～七四頁
67 『大村郷村記』第六巻 三二六頁
68 『九葉実録』第五冊 一一九頁
69 『九葉実録』第五冊 二二七～二二九頁
70 『大村郷村記』第一巻 二六五・二六九頁
71 前掲『渡辺昇自傳』三一頁
72 外山幹夫『もう一つの維新史』―長崎・大村藩の場合― 五九～六〇頁（新潮社 一九九三年）
73 『長岡半太郎伝』七～一〇頁（朝日新聞社 昭和四八年）
74 前掲『もう一つの維新史』―長崎・大村藩の場合― 六四～六六頁
75 『大村郷村記』第一巻 大村久原之部諸士持高 二六五～三一三頁
76 『九葉実録』第五冊 一八～一九頁
77 『臺山公事蹟』二九一～二九七頁
78 『九葉実録』第五冊 二二一～二二三頁
79 『九葉実録』第五冊 二一四頁
80 『九葉実録』第五冊 二二三頁
81 『九葉実録』第五冊 二一四頁
82 『史談会速記録』合本七 三一三～三一四頁（原書房 昭和四七年）
83 『臺山公事蹟』一三～一七頁
84 『新撰士系録』二十八巻所収片山家系図 片山勘治事蹟
85 『大村郷村記』第一巻 二七一頁 片山仲右衛門石高
86 『九葉実録』第五冊 一七三～一七四頁
87 前掲『再発見 鹿島の明治維新史』六九頁
88 『鹿島文学』―蘇る地域の文化遺産―八四頁（佐賀大学地域学歴史文化研究センター 平成三〇年）

89 『九葉実録』第五冊 一〇頁
90 『九葉実録』第五冊 二八～二九頁
91 『臺山公事蹟』二〇二頁
92 『九葉実録』第五冊 三二一～三二三頁
93 『臺山公事蹟』二〇六頁
94 『九葉実録』第五冊 二九頁
95 『臺山公事蹟』二〇七頁
96 『臺山公事蹟』二〇七頁
97 『九葉実録』第五冊 二九頁
98 大村市歴史資料館所蔵 大村家史料飯山文庫 架蔵番号 O―九六二―一一
99 吉本信之「正気百首を読む」（一）・（二）（『大村史談』六五号・六六号 平成二六年・二七年）
100 『九葉実録』第五冊 六二頁
101 『臺山公事蹟』二一二頁
102 『渡辺昇自傳』四八～四九頁
103 『史談会速記録』合本一〇 三〇頁（原書房 昭和四七年）
104 菱谷武平「福田頼蔵の日記抄」（一）五頁（『大村史談』一一号 昭和五一年）
105 『臺山公事蹟』二一四～二一六頁
106 前掲「大村騒動後書き」三一～三二頁
107 『九葉実録』第五冊 七〇頁
108 前掲「福田頼像の日記抄」（一）五頁
109 『渡辺昇自傳』八五～八七頁
110 前掲「大村騒動後書き」三六頁
111 『九葉実録』第五冊 七〇～七六頁
112 前掲「福田頼蔵の日記抄」（一）八～九頁

113 『九葉実録』第五冊七二頁
114 前掲「福田頼蔵の日記抄」(一)九～一〇頁
115 前掲「福田頼蔵の日記抄」(一)一〇頁
116 『九葉実録』第五冊 七五～七六頁
117 前掲「福田頼蔵の日記抄」(一)一〇頁
118 『九葉実録』第五冊 七六頁
119 前掲『もう一つの維新史』―長崎・大村藩の場合― 一四四～一四六頁
120 『九葉実録』第五冊 七六頁
121 前掲「福田頼蔵の日記抄」(一)一一頁
122 『臺山公事蹟』二四六～二四七頁
123 『臺山公事蹟』二四九頁
124 前掲「大村騒動後書き」三三一～三八頁
125 『崎戸町の歴史』三四頁(崎戸町 昭和五三年)
126 『九葉実録』第二冊 六八頁(大村史談会 平成七年)
127 『九葉実録』第三冊 一四七頁・二三八頁・三六三頁(大村史談会 平成八年)
128 中島俊人氏提供 松林飯山の妻・コマは、後に中島小太郎の後妻となるが、中島俊人氏は小太郎の後裔に当たる。
129 横瀬直『近世名家碑文集』三六二～三六四頁(経済雑誌社 明治二六年)
130 (表紙) 明治五壬申 (裏表紙) 明治元年 辰年初冬改

祭典記 洛東 霊明社

八月吉祥日

131 『岡鹿門日記』(東京都立中央図書館所蔵 架蔵番号 特二二八一―二八〇～二八四)
132 『大村史話』下巻 六五頁(大村史談会 改訂版 昭和五二年)
133 藤井橋梁史年表(中日本コンサルタント株式会社)

著者略歴
久田松　和則（くだまつ　かずのり）

経　　歴　昭和 24（1949）年　長崎県大村市生まれ
皇学館大学文学部国史学科卒業、
長崎県立大崎高等学校教諭、大村市立史料館専門員を経て、
現在、富松神社宮司
平成 19（2007）年「西北九州に於ける伊勢信仰の研究」により博士（文学）取得（皇学館大学）

主要著書　『琴湖の日月 ― 大村史』（平成元 =1989= 年　国書刊行会）
『キリシタン伝来地の神社と信仰 ― 肥前国大村領の場合』（平成 14 =2002= 年　富松神社再興 400 年事業委員会）
『伊勢御師と旦那 ― 伊勢信仰の開拓者たち』（平成 17 =2005= 年　弘文堂）
『長崎の伊勢信仰 ― 御師をめぐる伊勢と西肥前とのネットワーク』（平成 30 =2018= 年　長崎文献社）

※本書の出版にあたり、公益財団法人長崎バス観光開発振興基金から 2023 年度助成事業として出版資金の援助をいただきました。

長崎偉人伝

松林飯山

発行日　2024年2月29日　初版第1刷

著者　久田松　和則（くだまつ　かずのり）

発行人　片山　仁志

編集人　堀　　憲昭

発行所　株式会社 長崎文献社
〒850-0057　長崎市大黒町3-1　長崎交通産業ビル5階
TEL095-823-5247　ファックス095-823-5252
HP:https://www.e-bunken.com

本書をお読みになったご意見・ご感想をこのQRコードよりお寄せください。

印刷・製本　株式会社 インテックス

ISBN978-4-88851-401-9　C0023